我不是耶穌的粉絲

Not a Fan

Becoming a Completely Committed Follower of Jesus

你是在崇拜偶像，還是在追尋信仰？

凱爾・艾德曼 著
Kyle Idleman
童貴珊 譯

獻給我的父親
從追隨你的步履中，我學會跟隨耶穌

目錄

【自我評量】

你是「耶穌粉」嗎？

好評推薦

作者艾德曼深知我們置身何處，並深知我們可以如何倚靠上帝（天主）而活。作者的文字犀利而真實，幫助我們把腳步移往正確的方向。你若在這趟旅途中需要協助，這本書將指引你認識一位你不能錯過的對象。

——麥克斯・路卡杜（Max Lucado）
橡樹山基督教會主任牧師、暢銷書作家

耶穌從來不要我們坐在那兒當個只會鼓掌的旁觀者。艾德曼透過本書挑戰你，從見風轉舵的粉絲，進階成爲基督的全職跟隨者。

——克雷格・格羅舍爾（Craig Groeschel）
生命教會主任牧師，《A貨信徒》作者

把螢光筆拿出來，讓艾德曼把你帶到可圈可點的基督教核心信仰裡。這是一本清晰明白、令人心頭一震的好書，你一定會被挑戰得很過癮。

——李・史特博（Lee Strobel）
《紐約時報》暢銷作家

「不是耶穌的粉絲」確實是個令人耳目一新的信息，即便是最順服的基督徒，也不得不反躬自省，重新檢視自己與基督的關係。每一位個人或教會都應該好好閱讀這本書。

——麥克・赫卡比（Mike Huckabee）
前阿肯色州州長，《做對的事》作者

這本書的內容將徹底撼動與顛覆你的世界……，本書作者真不是蓋的。艾德曼是個傑出的領袖，以及基督的跟隨者。他一系列「不是耶穌的粉絲」的講道與教導，對我們的教會而言，是個重新定義與信仰復興的重要時刻，且延續至今……。我相信，這本書也將對你的生命帶來非比尋常的影響與改變。

——戴維・史東（Dave Stone）
東南基督教會資深牧師

這本書打亂你的現狀，並挑戰所有讀者更傾心投入於跟隨基督的行列。

——馬克・貝特森（Mark Batterson）

華盛頓全國社區教會主任牧師

艾德曼所著的這本《我不是耶穌的粉絲》，是當代最關鍵與重要的信息。如此強而有力的召喚，令我深受激勵，也多方挑戰我要更全心跟隨耶穌。

——賈德・海特（Jud Wilhite）

拉斯維加斯的中央基督教會主任牧師，《丟掉吧》作者

《我不是耶穌的粉絲》是所有基督徒都該好好閱讀、且一讀再讀的一本書。我一開始讀的是初稿，接著便停不下來，一口氣讀到最後一頁。這是當代教會最「適切與急切」的信息。我希望每一位閱畢這本書的信徒，都能成爲裡外一致、眞正的基督跟隨者。

——肯恩（Caine）牧師

反人口販賣的「A21運動」創辦人

【推薦序】

從粉絲到門徒的苦路

磐頂教會主任牧師、台灣神學院兼任老師　莊信德

粉絲，是一種人性化的反應。不論是守候自己心儀的電影明星、職業運動球員，或是全球聞名的年度集體癲狂的「果粉」（Apple Fans）排隊效應，我們都會看到一個又一個「付上代價」的偶像粉絲們，前仆後繼、成群結隊地擁護著自己心目中最寶貴、最珍惜的「對象」。然而，如果說粉絲指的是一群「不需要付代價的耶穌信眾」，我們就小看了當代流行文化中粉絲瘋狂的「背十架」精神。

《我不是耶穌的粉絲》作者艾德曼牧師，在書中對「粉絲」的挪用，大概指涉的是「症狀輕微的初階粉絲」，而不是「重度成癮的粉絲群體」。然而，不管是哪一種程度的粉絲，艾德曼牧師都歸納出粉絲共通的兩個核心關鍵，那就是「愉悅

感」和「主體性」。

粉絲止步的苦路（苦路上沒有愉悅感）

耶穌花了三十三年踏上的各各他骷髏地，不是一個適合開設咖啡廳觀賞日出的場所，在那裡充滿的是血腥味、鞭打聲、哀鳴與吶喊，沒有夾道歡迎的花圈與索取簽名的粉絲，只有用淚水與啜泣陪伴的家人與門徒。究竟為何會有人想要信仰這樣的一種宗教？究竟日後的信眾想像與當時救贖事件的現場有著多大的距離？艾德曼牧師用了許多深刻的例子，勾勒出當代耶穌粉絲的面貌，我們不只會在其中看見身邊基督徒朋友的身影，甚至可能會窺見自己的容貌。

其實，基督信仰實在不是一個令人愉悅的「產品」，擁有了它不僅不會增添個人的風采，甚至可能因此減損了人際之間的圓融與幽默，卻多了一份苦澀與糾結。艾德曼牧師嚴肅地觀察到當代教會牧者作為「演藝人員」的悲歌，內在的想像如果都是如何討好、取悅會眾，就必然形塑出一種追求愉悅感的信仰氛圍。

粉絲缺席的抉擇（苦路上沒有主體性）

耶穌花了一整個晚上通宵禱告，只爲了做出一個讓所有人都搖頭嘆息的決定——「揀選門徒」。我從不認爲，耶穌是因爲「不知道」如何做出決定，才在「潛力名單」中反覆斟酌拿捏不定，我始終認爲，耶穌掙扎乃是「已知道」這些門徒將來的背叛與軟弱；而三年半之後，受死前夕的耶穌，再經歷另一個痛苦錐心的夜晚——「客西馬尼園」，就是祂必須獨自承擔那幾乎無法承擔的苦杯。苦，十字架從來不是甜蜜的糖水，艾德曼牧師循循善誘地引導我們反思，那眞正的「苦楚」並不是我們有選擇權去選擇的內容，而是我們交出能夠自由決定的「主權」。

粉絲徹夜不眠，在機場高高舉牌迎接的舉措，絕對是指向擁有強烈主體意識的一群人，表面上看來他們付上了極大的代價去迎接一位擁戴的對象，而因此犧牲了自己的時間、體力、甚至是尊嚴。然而，實際上，作爲粉絲追尋的滿足焦點就是自己的價值，自己能夠與偶像建立關係的價值感，做出抉擇的焦點不是偶像，而是徹徹底底的「自我」。那一夜，耶穌面對十字架的苦路，祂向上帝禱告說：「只是不要照我的意思，要照你的意思。」作爲基督，祂甘願放棄做決定的權利，作爲基督的跟隨者，我們呢？是放棄，以至於成爲「門徒」；是保留，以至於成爲「粉絲」？

做門徒，始終不是一個容易的決定，卻絕對是一生必須面對的抉擇。藉由艾德曼牧師的眼光，我們不僅洞察了粉絲舉止背後的一切荒謬之處，更積極地看見一條引向盼望的十字架道理。做主門徒，儘管踏上的是主權交託的苦路，經歷的是與主同死的過程，但是，我們終極所迎向的並不是粉絲世界，那周而復始的排隊購票，與演唱會搖頭吶喊過後突然湧現的強大失落情緒。做主門徒所等候的，乃是與主同復活的喜樂盼望，不再被物質邏輯綁架的自由生命。

我深信《我不是耶穌的粉絲》作者艾德曼牧師深刻的信仰省思，能爲我們所熱衷的教會生活帶來精采的火花！

【譯者序】

我只是粉絲嗎？到底什麼時候要改變？

我很少從一本書的序言即深受吸引。第一次翻閱這本書時，才讀了第一段，便迫不及待啓動電腦，亦步亦趨地跟著作者的思路緊緊跟隨，深怕跟丟了，便錯失一番壯麗山河與美景。好幾次，我發現自己不得不停下敲打鍵盤的手，掩卷沉思，甚至忍不住激動拭淚。

我從小在教會中長大，高中期間，因爲家裡遭逢變故，我那淺薄脆弱的信仰根基，絲毫禁不起現實的考驗與磨難，悲憤與不解的我，於是選擇離開教會，與上帝漸行漸遠。如今回想，自己當時在基督信仰裡的種種武斷、任性、膚淺與偏見，恰是作者痛陳的「十足粉絲心態」。也因此，當作者透過《聖經》的文本脈絡與釋義，毫不掩飾地對許多自以爲耶穌跟隨者的粉絲，把脈診斷，並不客氣地直言與挑戰時，我格外感同身受。

所幸，離家幾年以後，峰迴路轉，竟與上帝眞實會遇；而這趟離家，竟是爲了回家，那是我始料未及的一段信仰歷程。

大學畢業以後，我曾在海外神學院修讀兩年的神學課程，對基督教信仰的啓示文本《聖經》與神學有一定的認識，但我與這位三一上帝之間的關係，則是透過一次又一次生命的起伏跌宕中，一點一滴地累積我對這份信仰關係的體認，我被引領走進自我發掘與揭露的眞實中，那裡有曠野、深淵，甚至死蔭幽谷；但卻在最幽微的黯夜中，我從祂的話語裡，瞥見滿天星斗，尋得應許中的力量與安慰。我不斷不斷地重新認識自己，也重新拼湊祂的面貌，以及對祂的認識。

縱然，我與上帝之間，已漸漸從「祂之於我」，進深至「你之於我」的關係，但一旦信仰被置於粗糙的現實與軟弱的人性面前，那個在書中一再被提起的「天天背起十字架」，以及「來去死」的信仰標誌，像純粹決絕的愛情般，因爲容不下一丁點妥協與讓步，而顯得如此爲難與糾結，甚至格格不入。不管面對的是耶穌的愛與呼召，或生命本質的徹底翻轉，或金錢與瑣碎生活的主權交付……，作者從《聖經》的解釋而引進的獨到洞見與精采的詮釋，把僞裝與僞善的「宗教生活」，以及表裡不一的空洞言辭，一一解構，像戳破國王新衣假象的眞言，令人不得不直視眞理，反覆辯證，並認眞思索，還要做出決定——我只是粉絲嗎？還要再當粉絲嗎？到底什麼時候要改變？

接手翻譯這本書的前幾個月，我摯愛的妹妹貴婷因病離世，她在與上帝的關係最深刻、最美好的人生階段中，返回彼岸天家。那對我們的家庭而言，無疑是撕心裂肺的沉重不捨。作者在文中屢屢觸及倏忽臨至的患難與死亡，總能觸動我當下失去至親的哀傷，帶給我極深的安慰，以及對永恆的期待與盼望。

好幾次，我讀得太投入，乾脆把電腦收起來，暫時捨棄邊讀邊譯的習慣。我那剛滿五歲的兒子忍不住好奇探問：「媽咪今天怎麼不做功課呢？」我以他能明白的語句告訴他，這本書太精采，我要慢慢讀、好好想，因爲捨不得太快把功課做完。過去，翻譯工作對我而言，僅止於一份工作，書與我，維持一份客觀與抽離的關係，有時候甚至如馬克思所言，是異化的。但這本書例外，我把它讀進我的內心深處，且讓它來甦醒我的靈魂，甚至一次次催逼我要當機立斷。

我相信，上帝藉由這本書，仍不斷對我說話，也對這世代說話。

【作者序】

不只是成為傳道者，而是成為基督的跟隨者

那是個週四的午後，我獨坐在空無一人的教堂裡。再過幾天，就是復活節了，屆時，這個教堂將擠滿三萬名來參加週日禮拜的群眾，而此刻的我，毫無頭緒，不知道該對他們說什麼。環顧四周的空椅子，我腦中一片空白，靈思不泉湧，排山倒海的壓力倒是不斷湧來。擦拭眉頭上的汗水，我告訴自己，無論如何，這篇信息一定要把它講好。我非常明白有很多朋友一年只參加兩次主日聚會：聖誕節和復活節（姑且稱他們為「聖活徒」〔Creasters〕）。我要確保他們聽了之後還會想再來。但要如何吸引他們的注意力？該怎麼說才能讓他們耳目一新、印象深刻？有沒有什麼創意點子可以引爆話題呢？

索盡枯腸，毫無所獲。我拿起前面椅子上的一本《聖經》，該翻到哪一段經文

呢？我一輩子都在研讀這本書，但卻不知道有什麼內容可以讓這群「聖活徒」心頭一震！我忽然想到小時候常用《聖經》來進行的一種遊戲。那其實有點像「擲筊」，先問個問題，然後翻開《聖經》，隨機指向某頁的某段經文，讓那段經文成爲你的答案。

忽然，有一個想法浮現：當耶穌面對千萬群眾時，祂都說些什麼？我驚覺一件特別的事：每當耶穌面對大群會眾時，祂所宣講的內容不但留不住人，而且經常導致群眾轉身離去。那一天的重大發現，徹底改變了我——不只是成爲傳道者，而是成爲基督的跟隨者。

我在空蕩蕩的教堂裡，開始翻閱〈約翰福音〉（若望福音）*第六章的內容。那是一場大聚會，耶穌正對著超過五千名群眾講話。當時，耶穌的名聲早已如雷貫

編注：
*本書中的《聖經》章名、人名等，在每章首次出現時，皆採用基督教與天主教通用譯名對照的方式，以便不同宗教背景讀者閱讀。

耳，祂所行的那些神蹟奇事和啓發人心的言論，引起各方關注，也被大家津津樂道，因此，祂總是被成千上萬的群眾簇擁。

經過一天的講論與教導，耶穌知道大家都餓了，於是吩咐祂的門徒去爲群眾張羅所需的食物。其中一位叫腓力（斐理伯）的門徒，告訴耶穌說，即便存夠八個月的薪資，都無法購買足以餵飽這群人的麵包。從腓力的角度來看，確實無能爲力。另一位眼尖的門徒安得烈（安德勒），發現群眾中有個男孩帶了五塊餅和兩條魚，於是轉告耶穌。最後，耶穌竟以男孩手中的五餅二魚，餵飽了所有人。《聖經》告訴我們，那少少的食物，不但讓大家飽足，還綽綽有餘。

晚餐後，意猶未盡的群眾，爲了隔天一早可以再見耶穌，決定就地搭棚過夜，不離開了。那無疑是耶穌的超級粉絲。隔天一早，這群人起床肚餓時，開始到處找耶穌，卻遍尋不著他們才剛到手的飯票。那群粉絲期盼再來一場神蹟表演，但最終發現，耶穌和祂的門徒已悄然離開，往湖的對岸去了。當粉絲們終於找到耶穌時，早已飢腸轆轆，這群錯過免費早餐的群眾，開始盤算著午餐的菜單。但耶穌卻毅然關上「吃到飽」的自助式饗宴，謝絕再提供任何免費餐點。在同一段經文的第二十六節，耶穌對這群粉絲說：

「我實實在在的告訴你們，你們找我，並不是因見了神蹟，乃是因吃餅得飽。」

耶穌深知群眾一心尋求的，並不是爲要付上代價來跟隨祂，他們所求的，不過是免費的食物。他們要的是耶穌嗎？或是耶穌爲他們所做的事？在第三十五節的經文中，耶穌把自己獻上，但問題是，夠嗎？

耶穌說：「我就是生命的糧。到我這裡來的，必定不餓；信我的，永遠不渴。」

耶穌說：「我就是生命的糧。」出乎意料地，菜單上竟然不提供別的，只有一道主食：耶穌。群眾必須做一個決定，耶穌眞能滿足他們嗎？或者他們渴望的，根本不是這個。答案昭然若揭。經文的最後一段話這麼寫道：

「從此，他門徒中多有退去的，不再和他同行。」（〈約翰福音〉6：66）

是的，大多數的粉絲轉身離去。坦白說，我很驚訝爲何耶穌沒有把他們追回來。祂甚至沒想過要把祂的道理和言辭稍微修飾包裝一番，讓它們看起來可親可愛。祂也從不曾叫門徒想辦法去弄一份創意十足的傳單，搞一些噱頭，邀請群眾回來做一些「一起動手做冰淇淋」的體驗活動。民調一落千丈的事實，似乎不曾困擾過耶穌。

時空拉回來。環顧四周，教堂裡有數千張空椅子，我忽然清醒了：耶穌從來不在乎群眾的數量，祂重視的是他們忠心跟隨的深度。

把《聖經》放回原位，我激動得忍不住哭了。

「上帝（天主），對不起，我錯了。」

說出這句肺腑之言時，我知道我必須要往前行。幾天以後的復活節主日，面對千萬名會眾，我以自身所犯的錯誤，作爲開場白。我告訴他們，我徹底錯了，因爲我太在乎他們的觀感、太在乎他們會不會再回來聚會。儘管我立意甚佳，但我卻有意無意地把耶穌妝扮得賞心悅目，好讓更多人願意進來尋求永恆的生命。在我提供他們「耶穌」這個產品之際，我其實是提供了大量免費的麵包。而在那樣的過程中，我矮化了這份信仰，把福音弄得很廉價。

想像一下這樣的畫面。假設我的大女兒今年二十五歲，單身，但渴望結婚。❶於是，我決定要讓女兒的夢想成眞。想像一下，我竭盡所能地刊登報章廣告和巨幅

作者注：

❶本書所有涉及家人的例證，不論真實或虛構的想像，都未經家人的書面同意。

海報，還印製了T恤，內文是：「拜託，來娶她！」為了加強效果，我甚至不惜砸下重金提供精美禮物。想想看，我的一番好意，是不是反倒羞辱了我的女兒，讓她毫無價值與尊嚴？不，我絕不做這樣的事！我會把未來女婿的標準提高，我要對他進行身家調查，我還要讓那傢伙接受測謊，以及通過冗長又繁複的競選程序。所有提供的參考資料都要詳查，還要裝設針孔攝影機。如果你想和我女兒展開交往，聽好，請務必把你最美好的一切獻給她。我不想聽你口頭上嚷嚷的愛，我要知道你是否決心忠誠對她。我要確定，你是不是預備好把你的生命獻與她。

我總是在我的講道中鼓勵會眾要跟隨耶穌。我努力想讓「跟隨耶穌」這件事，變得盡可能的吸引人、舒適且方便。而今，我必須為此深深致歉。我知道一本書以道歉作為序言，確實有點奇怪，但我迫不及待想讓你知道，這段誠摯邀請你進來參與的旅程，也是一段我正踏上的旅程。未來，我也會持續走在這條路上，而我有責任告訴你，這確實不容易，因為當個抽離的群眾和啓程上路相比，前者輕省得多了。

我非常了解一本書的序言有多麼重要，因為那是讀者決定要不要繼續讀下去的重要指標。通常你們會看到教會圈子的某某大人物或名嘴❷來美言幾句，讓讀者知道這作者有多厲害。至少，作者自己理當在開宗明義時寫一些引起閱讀動機的話。我不確定自己是不是已經做到這一點……，或許沒有。我猜，一個承認自己長期認知錯誤的作者，聽起來實在不怎麼高明。但我必須說明一件事，這本書不只是牧師引用一段《聖經》經文的資料彙整，亦非經文注釋，這本書的作者是〈約翰福音〉第六章裡，數千群眾中的其中一位，這位仁兄認定耶穌很偉大，但心裡想望的不過是一頓免費餐食。

❷這裡的名人指的是「教會圈的名人」（北美）。例如，自稱熟識《Charles in Charge》電視劇主角的那傢伙；或那位在賣座電影《飆風天王》裡的演員（不是黑髮的老兄，是另一個）。還有，你還記得偶爾替鄉村音樂的光碟精選集代言的那位仁兄嗎？喔，如果那部長壽影集《生命的事實》（*Facts of Life*）的女主角布蕾爾（Blair）沒辦法成為推薦者，那麼，我相信影集裡的另一位童星涂悌（Tootie）也可以算是基督徒啦。

當你翻閱這本書時，我希望你和我一同上路、一起探索，到底「跟隨耶穌」的眞義爲何。關於寬恕、救恩、快樂、生命，我著墨得不多，我將更多且更深地談論悔改、奉獻、破碎、以及死亡。如果你正在尋找一本告訴你「跟隨耶穌是走上悠閒舒坦的康莊大道」的書，那麼，你肯定要失望了。不過，千萬別誤會我的意思，我當然希望你繼續讀下去，我只是想讓你在踏步前行之際，先把話講清楚——這裡頭，不會有太多免費的麵包。

第一部

粉絲 v.s. 跟隨者
——你是「耶穌粉」嗎？

第1章

定義你和耶穌的關係：粉絲v.s.跟隨者

「你是耶穌的跟隨者嗎？」

我猜，這個問題你可能已經避而不答好幾次了。你或許看過這個問題，但我實在懷疑，它對你是否帶來任何意義深遠的影響？請容許我不厭其煩地再問一次，因爲這是一生中最重要的問題。

「你是耶穌的跟隨者嗎？」

我知道，我知道，你可能已被問過無數次了。或許，這問題太熟悉、太不起眼了，以致轉身就忘。我想，並非因爲它讓你感覺不舒服，也不全然是因爲它宗教意味太濃厚；這問題容易被輕忽的理由很簡單，因爲它讓人感覺很多餘、很不入流。

如果你恰好是這本書的讀者，你已然成爲以下這兩個族群的其中一類：

第一組：後車廂貼個代表基督徒的「魚標籤貼紙」者

你是個認眞面對信仰的人，所以，你會到基督教書房購買那些標示你是基督徒的貼紙。當我問你：「你是耶穌的跟隨者嗎？」對你而言，那可能只是個修飾語句，於是一聽到這問題，你開始把書輕輕放下，或者隨意翻到目錄頁，看看有沒有哪一章的內容或許對你比較有幫助。你意識到這問題對大多數人確實很重要，但對你？嗯，那就像你走進波士頓的一家酒吧，然後問在座的人：「誰來替咱們家的紅襪隊乾杯？」自家的職棒誰不支持呢？無庸置疑地，這問題很重要，但你對答案似乎太有把握，以致你的腦袋自動跳過。這類問題的問與答，你以爲自己早已處理過了。且慢！當你自以爲是的時候，爲免造成你進一步的誤解，請你先花些時間確認一下，我**並不是**問你以下這些問題：

- 你去教會嗎？
- 你的父母或祖父母是基督徒嗎？

● 你曾經在牧師講道結束前的呼召中舉手嗎？
● 你曾經跟著牧師完整地進行一個禱告嗎？
● 你曾經上過十二分鐘版本的「我的本相」課程嗎？
● 你有兩、三本《聖經》嗎？
● 你的名字有放在教會通訊錄上嗎？
● 你的成長歷程中，曾經參加過教會的營會嗎？
● 你的來電答鈴是基督教的敬拜詩歌嗎？
● 當你禱告時，你能說出五種或以上與上帝（天主）屬性有關的詞彙嗎？（我可以堅持下去。我眞的可以。）
● 你曾經穿上「見證上帝」的衣服嗎？
● 你認爲古文的「欽定版本」是最正確的《聖經》譯本嗎？
● 你是否提醒自己不再約會？
● 在臉書的「宗教信仰」一欄，你會塡上「基督跟隨者」嗎？

- 你對電影《哈利波特》和《魔戒》感覺不安和不以爲然嗎？
- 你連續四十天或以更短的時間閱讀基督教暢銷書《標竿人生》嗎？
- 當你說別人的壞話前，都會習慣性地先說「祝福他」等言不由衷的話，以減輕罪惡感嗎？
- 你明白那些內行的基督教術語嗎？例如爲求路途平安的「出門禱文」，或「聖靈（聖神）寶劍」的《聖經》遊戲？

重點來了：我們通常不假思索地便回答：「是的，我是耶穌的跟隨者。」但我實在不確定你對自己的答案，到底了解多少。套一句孟托雅（Inigo Montoya）的話：「你自以爲明白那意思，其實我不認爲你眞的明白。」❶

---

❶如果你知道這句話出自《公主新娘》（*The Princess Bride*）小說人物的主角，那麼，請給自己一個嘉獎點數。雖然劇中演員柯克．卡梅隆（Kirk Cameron）不是基督徒，但這句話在教會界很流行。

《聖經》中有一段極爲傷感而遺憾的敘述，提及許多自以爲是耶穌的跟隨者，在生命終末時，驚覺原來耶穌根本就不認得他們。耶穌在〈馬太福音〉（瑪竇福音）第七章裡提到，凡活著的人，終有一天要站在上帝面前，到了那日，許多自稱爲基督徒和跟隨者的人來到耶穌面前時，恐怕會冷不防地聽見耶穌對他們說：「我從來不認識你們，離開我吧！」如果你也自認是耶穌的跟隨者，我祈禱，但願這本書幫助你確認自己所信爲何，或進一步引導你重新評估你與耶穌的關係，以及你對跟隨祂的決心有多堅定。

第二組：質疑後車廂貼著代表基督徒的「魚標籤貼紙」者

如果你被歸類到這一組，那你可能不會買這本書。事實上，你根本不會花錢買這類的書。但因爲有人關心你，或許就是那些後車廂貼著「魚標籤貼紙」的基督徒朋友，買了這本書送給你。面對送書給你的朋友或親人，基於禮貌和尊重，你至少會翻閱一下第一章。但我猜你可能一開始就直接跳過「你是耶穌的跟隨者嗎？」

這類問題。你未必是抗拒，也不盡然討厭這樣的提問，你只是覺得這類問題與你無關。和第一組人不一樣，你可能從未回答過這個問題，你只是不覺得有必要回答，沒別的意思，只是純然沒感覺。

至於別人跟不跟從耶穌，與我何干？那是別人家的事，你不置可否，因為那從來就不是你的困擾。那種狀況就像，假設你的這些朋友對《星際爭霸戰》這部電影瘋狂入迷，當他們問你：「塔蘇踏霍德？」（那是《星際爭霸戰》所使用的外星人語言「克林貢語」（Klingon），意思是：「你覺得那位半人類、半外星人的史巴克，該成為我們的領隊嗎？」）❷我敢保證，你會聳聳肩，一笑置之。如果那是他的選擇，很好啊，但你不以為然，因為你根本就不在乎。

不過，如果……？你願不願意駐足片刻，問問自己：如果，人生最終的結局皆

❷請注意，這不是我自行翻譯的，我也不會說任何「克林貢語」。但我的一位朋友號稱自己會說幾句「克林貢語」，我喜歡調侃他。當然，我用的是人類聽得懂的語言來嘲諷他。

回歸到這個問題上呢？如果，死後眞有永恆生命，而目的地是天堂或地獄呢？乍聽之下，似乎很荒謬，但如果你肯花哪怕是一分鐘來思索這可能性，你難道不覺得這個問題值得好好思量一番嗎？當你翻閱這本書時，我希望你至少願意大膽假設，或許這是你一生中最重要的問題。對我而言，我深信，活在世上的目的，就是為了要好好回答這個問題。事實上，不論有意無意，我們都在回答這個攸關永恆生命的提問。

我必須說明在先，我不是在這裡「販賣」耶穌。我從來就不想美化「跟隨耶穌」這個議題，以便說服你。情況是這樣的（噓，別讓第一組人知道是我說的），那些第一組的人之中，很多自以為是耶穌的跟隨者，但其實他們不曾聽過耶穌對跟隨的教導——我指的是這些尚未被增刪編輯的教學版本，最原初的版本。

我猜，當第一組與第二組的讀者閱畢此書以後，將紛紛婉拒跟隨耶穌的邀請。其實這一點都不奇怪，在《新約聖經》福音書裡，當耶穌呼召人們跟隨祂時，有些人積極回應，但大部分人卻轉身離去。

定義關係：你曾細想過你和耶穌的關係嗎？

我們該如何定義「耶穌的跟隨者」？你如何決定這是你會納入考量的議題？來吧，開始透過D.T.R.和耶穌展開對話！有人可能知道D.T.R.這個縮寫字母的意思，但如果你不確定，讓我來給你一些提示。當一個男生展開一段浪漫關係時，這三個字母常讓他心驚膽跳，幾乎要了他的命！大部分男生會盡其所能地拖延或逃避面對。我認識的幾個男性朋友，在意識到D.T.R.的談判時刻逐漸逼近前，甚至嚇得主動終止交往關係。❸

你想知道D.T.R.的意思嗎？

意思是：**定義關係**（Define the Relationship）。

這是交往中的情侶間，一場正式且嚴肅的談話，雙方要對這段浪漫關係的未來、承諾與忠貞程度，進行清楚的確認與定義。你需要進一步確保彼此的立場與共

❸真實故事：我的一位朋友假借「過度換氣」症狀為由，逃離D.T.R.談判。這位朋友，乃本人也。

識是一致的。

我在高中時期，曾經和一位不太熟悉的女生有過第一次約會。我們坐在一家餐館的椅子上，開始了尷尬的約會聊天。前菜上桌時，我才知道一點點關於她的家庭。吃到主食時，她開始告訴我最愛的電影。然後，事情發生了。就在初嘗一口甜點時，她問我：「你怎麼看待我們的這段關係？」天啊，才第一次約會，她就想要展開D.T.R.對談！喔，我恨不得拔腿就跑。那是我們的第一次約會，也是最後一次。

雖然我根本毫無心理準備，但有些時候，你就是得隨時預備好面對一段關係的定義。那種狀況可能讓你覺得彆扭、不自在，甚至不舒服。但任何健康的關係，終究都會來到一個需要打開天窗說亮話的階段。是不是已經準備好從激情和彼此愛慕的階段，進入更深一層的犧牲與成全？你需要謹慎評估雙方的關係，以及你對對方願意付出到什麼程度。

問題來了。試著想像一幅這樣的畫面：你走進一家咖啡館，拿了點心和飲料，往人客稀疏的後方走去，找到了位子，坐下。你輕啜一口，享受片刻安靜。忽然，有人朝你的方向走來，拉開椅子，坐在你對面。那條藍色肩帶，讓你一眼就認出祂來——是耶穌。一時之間，你不知如何啓齒。一陣彆扭的冷場以後，你決定打破沉默，隨口請祂把眼前的飲料變成酒*。祂凝視你的眼神，就跟當年祂看門徒彼得（伯多祿）的表情一樣。還來不及等祂開口，你猛然想起剛剛忘了要餐前謝禱。你決定大聲禱告，讓耶穌因你美麗的禱文而感動。剛開始，一切都還好，但不知怎地，你越禱告越心虛，尤其當你說道：「每一天我向主祈求三件事：更深切愛你，更深刻認識你，更緊緊跟隨你。」你驚覺自己正引用班．史提勒（Ben Stiller）**的禱文時，你難掩尷尬，速速以「阿們」（亞孟）來結束一切。

在你手足無措之際，耶穌越過一切言不及義的客套，直探核心。祂直視你的雙

* 「以水變酒」，這是耶穌所行的第一件神蹟。
** 美國演員、監製、導演及節目主持人。著名的電影作品有《哈啦瑪莉》、《博物館驚魂夜》等。

你和耶穌的關係，無人能取代嗎？
你如何定義你們的關係？
你對這段感情的投入與認真程度如何？

眼，說：「該是重新定義這段關係的時候了。」祂想知道你對祂的觀感如何。你和耶穌的關係，無人能取代嗎？你們之間只是偶爾週末約會，或已漸趨穩定？你如何定義你們的關係？你對這段感情的投入與認真程度如何？

不管你從小就認定自己是基督徒，或這一切對你而言盡是全新的經驗，耶穌樂於清楚定義祂渴望與你建立的關係。祂會據實以告，絕不僞裝或美化。祂會告訴你，「跟隨」的眞正意思是什麼。當你坐在咖啡館，聚精會神地聆聽耶穌把未經編輯的最原始版本，向你娓娓道來時，我忍不住想問，這個時候若要你回答「你是不是耶穌的跟隨者？」，對你而言是否更具挑戰性了？

放眼望去，自稱耶穌跟隨者的人看似很多，實則不然。如果他們肯按照耶穌的標準，爲這段關係誠實的下定義，我實在沒有把握他們是否稱得上跟隨者。我倒覺得有一個名稱或許更適合他們——他們不算跟隨者，而是耶穌的粉絲。

字典裡對「粉絲」的定義是：**熱情的仰慕者**。

粉絲男人，胸前掛著印有某個符號的標誌，總是坐在席間爲自己的球隊加油打氣，家裡牆壁上掛著球隊的運動衫，有一些還可以當貼紙貼在車後的防撞桿上。但他從不加入球賽，也不曾在公開的場上參賽或流一滴汗。雖然他不認識球員，但對球員的背景如數家珍，瞭若指掌。他總是在場邊賣力的搖旗吶喊，但他從不曾被要求做什麼事。他不需為此付出任何代價或犧牲。事實上，當他所支持的球隊表現不如預期且開始讓他失望時，他的熱情也隨之降溫。再吃幾次敗仗以後，一如所料，他毫不留情地轉而支持別隊了。他，是徹頭徹尾的熱情仰慕者。

粉絲女人，從不錯過明星名模的新聞八卦。她會記得翻閱最新出刊的《名人》雜誌。她是好萊塢幾位當紅女星的頭號粉絲。她不只知道這些女星演過哪部電影，甚至連女星曾就讀的高中學校都調查過了。她侃侃而談女星的生日，還有女星的第一任男友。她甚至比女星自己還要更清楚她們頭髮眞正的顏色。她知道所有有關女星的一切，但她卻不認識她們。她是超級粉絲，就只是粉絲。她，也是徹頭徹尾的熱情仰慕者。

我相信耶穌已經擁有夠多粉絲了。狀況好時，粉絲為祂鼓掌叫好；狀況不好時，粉絲頭也不回就轉身離開。粉絲們平安無慮地坐在球場邊鼓掌喝彩，但他們對賽程前後的犧牲和疼痛等代價，毫無所知。耶穌的粉絲亦然，他們理性上知道關於祂的一切，但卻從來不曾眞正認識祂。

不過，耶穌並不在乎自己身邊有多少粉絲。當祂定義自己所想望的關係時，「熱情的仰慕者」從來不是祂的選項。我的關注點是，今天的美國教會，已經慢慢把「聖殿」變身爲「體育館」，每週日有大批大批的粉絲群聚在偌大的體育館內，高舉雙手爲耶穌歡呼，但並不想認眞跟隨祂。這是當今教會最大的挑戰和隱憂，越來越多自稱爲基督徒的粉絲，其實對跟隨基督沒什麼興趣。他們趨近耶穌是爲了要索取各種祝福和好處，但同時卻明哲保身，從不問自己該付出什麼。

準確的衡量：你如何確定自己是耶穌的跟隨者？

所以，是粉絲或跟隨者？這問題最大的挑戰在於，你幾乎無法客觀的回答。當你說自己是跟隨者，我接著就要問：你如何確定？你以何種量度與標準來判斷和定義你與耶穌基督的關係？大部分人傾向以極度主觀的衡量方式來回答這個問題。

「文化比較法」是許多誤以爲跟隨者的粉絲，最常使用的工具。他們的參照組，是身邊朋友對信仰認眞的程度，然後，他們很快就自覺與耶穌的關係穩定多了。最初，他們把這份關係設定在座標軸線上的某一點，當他們發現自己的靈性漸漸超越其他夥伴時，他們更覺穩妥了。也因此，面對基督徒家庭裡的叛逆兒，或一段掙扎求存的婚姻，粉絲們總是樂觀看待這些不太完美的狀況。只要把座標曲線稍稍往下微調即可，問題不大。

不知道你有沒有發現，如果我們總是以這種比較法來衡量自己與耶穌基督的關係，其實，我們的參照組都是靈性貧乏之輩。坦白說，我也常喜歡用這種方法來衡量自己作爲丈夫的角色。我喜歡告訴我的妻子，哪位朋友從來不跟老婆約會，哪個老友忘了和另一半的二十週年結婚紀念日……。我發現，當我開始把自己和其他丈夫並列較量時，背後的動機是出於自責與歉疚，不過是爲了掩飾自己其實並未盡責扮演一個愛妻子的丈夫。當你與耶穌的關係開始被置於天秤上和別人相互比較時，那恰好是自證其罪。

粉絲常用的另一種量化手法，是敬虔的一把尺。他們以自己遵守敬虔的宗教生活與條規爲尺度，藉此陳明自己是貨眞價實的跟隨者。他們理直氣壯的指證歷歷：粉絲怎麼會每週日固定上教堂、還把錢投進奉獻箱、聚會時還自願照顧學齡前孩子、還撥冗按時收聽基督教電台、還拒看限制級電影、在轟趴時只是淺嚐即止不敢醉酒？嘿，拜託好嗎？捨我其誰啊？我當然是跟隨者，不然你以爲我爲什麼要這麼做？

除此之外，我們其實還有別的工具來判斷自己是不是跟隨者。例如，宗派的準則、家族的信仰，以及《聖經》的知識等，都可作爲引經據典、驗明正身的方法。但現在眞正的問題是，到底耶穌自己如何解釋跟隨的定義？耶穌的法則，應該是唯一我們該用的法則。

自我診斷：你是「耶穌粉」嗎？

在《聖經》的福音書裡，記載了許多人與耶穌展開D.T.R.對話的例子。每一個相遇與對話，使他們一次又一次不得不正視這個老問題：「粉絲或跟隨者？」有些是真正的跟隨者，其他的則是熱情的擁護者。透過一些真實發生的對話，讓我們以個案討論來檢視不同粉絲所共有的「症狀」。

我們家有四個小孩，偶發的小病小痛，我們習慣透過線上醫療網來自行診斷。我最喜歡其中一個網站，可以提供一種功能，讓你輸入一切症狀，然後網站會根據你所描述的病情與狀況，替你診斷。舉個例子，如果你輸入「流鼻水、反胃噁心」，網站會告訴你，你可能感冒了，或食物過敏。如果你再加上「頭暈眼花」的描述，網站會診斷得更詳盡，它會告訴你應該是食物過敏。如果你把「頭暈眼花」換成「發燒」，那麼，診斷結果就會出現「疑似禽流感」的字眼。❹你把病情描述得越具體詳實，診斷結果就會越準確。

---

❹我有一位難搞的鄰居，我曾嘗試把他的一些身體症狀，如：「成人痤瘡」、「易怒」、「口臭」、以及「毛髮過多」等關鍵字輸入，但網站無法提供任何診斷結果。如果你剛好是醫療委員的成員，請以你的專業來解決這個問題，感激不盡。

《聖經》中，耶穌一再要求那些自稱是眞正跟隨者的人，進行誠實的自我評估與界定，我們可以從中找出粉絲的典型症狀。這些個別與耶穌進行D. T. R.談話的內容，就像一面鏡子，眞實無僞地反映出我們的種種面貌。粉絲通常混淆了自己的滿腔熱血與奉獻，他們誤以爲，自己熟知關於耶穌的一切，就等於與耶穌很親近了；他們誤以爲，熱心好意就可以掩飾自己在信仰上的蒼白貧瘠。也可能，你下定決心要當個跟隨者，而非粉絲。我希望你持續讀下去，因爲粉絲的其中一個最核心的典型症狀就是：經常自以爲是跟隨者。

請在咖啡館找個舒服的好位子，繼續讀下去。讓我們按著《聖經》的標準與原則，捫心自問：你是耶穌的跟隨者嗎？或其實，你只是個熱情的粉絲？

第2章

別在暗地裡相信祂，請在日光下跟隨祂：保持距離v.s.全心獻上

〈約翰福音〉（若望福音）第三章：尼哥德慕（尼苛德摩）

大粉絲尼哥德慕，率先登場。你該認識一下這位老兄的背景。他可不是泛泛之輩的粉絲，他對上帝（天主）極爲尊崇，也是個德高望重的教師。尼哥德慕是當時一個菁英社群組織「猶太會議」的一員，是個受人敬重的宗教領袖。尼哥德慕不但早已聽聞有關耶穌的一切，也頗爲欣賞祂；尤其耶穌的言說與教誨，每每令他聞之動容、深受激勵。他留心觀察耶穌的言行舉止，包括那些奇能神蹟。他相信，耶穌最大的魅力，恐怕不只是祂個人的能力而已，還有那不尋常的憐憫心腸與滿懷的愛。

尼哥德慕已準備好要深化自己與耶穌的關係，晉升到另一個階段。只是，那談

何容易！如果他在公開場合中力挺耶穌，宣稱自己要成爲耶穌的跟隨者，仔細盤算一下利弊得失，恐怕得要付出一些代價。大家對耶穌的刻板印象仍停留在祂的木匠身分，還有那名不見經傳的出生地：拿撒勒（納匝肋）。如果大家發現尼哥德慕竟然對這個居無定所的靈性導師敬仰有加，眾人會怎麼想？首當其衝的損失是，他將失去在「猶太會議」的一席之地，以及宗教領袖的地位與聲譽。當一個公開的跟隨者，犧牲太大，古今中外皆然；但如果只當一個隱姓埋名的仰慕者，則毫髮無損。

尼哥德慕陷入天人交戰。他必須做個選擇和決定：宗教地位，或與耶穌的關係。他知道，如果選擇固守原有的宗教地位，他勢必無法當耶穌的眞實跟隨者。這不只是尼哥德慕的掙扎，宗教地位的考量，一直是走上跟隨耶穌這條路上的屏障。在〈約翰福音〉第三章，我們看見尼哥德慕來找耶穌，他與耶穌展開了一段精采的D.T.R.對話。故事始於一日的某個時段：

「這人夜裡來見耶穌……。」（2節）

這是個容易被忽略的重要線索。想一想，爲什麼他要在夜裡來見耶穌？其實，他在白天有很多機會可以來見耶穌。耶穌經常在公開場合裡出入、講道，尼哥德慕有很多機會可以大大方方地趨前跟耶穌談話。事實上，身爲宗教領袖，即便耶穌總是被人群簇擁，但只要尼哥德慕出現，大家想必會自動把最優質的時間與空間保留給他和耶穌。但這段經文卻告訴我們：「這人夜裡來見耶穌……。」

夜裡，不動聲色，悄然來去，無人察覺。夜裡，他得以免除被其他宗教領袖不友善的爲難與責備。夜裡，他可以單獨與耶穌暢所欲言，不受干擾。或許，他可以在不改變現狀的前提之下，與耶穌發展一段特殊的關係。他可以暗地裡跟隨耶穌，那就不必冒著失去工作的風險。更何況，身邊的朋友和家人，其實也不需要知道自己的決定。他可以在夜裡安靜地與耶穌對話，然後再安靜地在心裡立志跟隨耶穌，這麼一來，他仍可持續待在原有的舒適圈，保留辛苦建立的生活品質與原有的生活節奏。聽起來，那跟許多我所認識的粉絲心態很相似。只要不設門檻、不要求任何改變或代價，其實，大部分的粉絲是樂於跟隨耶穌的。

讓自己有些時間好好思索跟隨耶穌的代價。
跟隨耶穌，如何影響了你的人生？

尼哥德慕必須面對的現實與挑戰，讓他大感意外，幾乎不可置信：想要跟隨耶穌，卻又不願讓耶穌介入你的人生，辦不到！跟隨耶穌勢必要付出代價。對尼哥德慕來說，首當其衝受到影響的是他那有權有勢的地位，其他難以估計的損失則包括同儕對他的敬重、收入與生計、友情與人脈，甚至與家人之間的關係，恐怕也將連帶受影響。問題來了，對大多數粉絲而言，你曾否因爲跟隨耶穌而付出什麼代價？請注意，這可不是文學修辭的提問。讓自己有些時間好好思索這個問題，列出跟隨耶穌的代價。跟隨耶穌這件事，如何影響了你的人生？

我們不介意讓耶穌來微調我們的生活，但耶穌想的和我們不一樣，祂要徹底翻轉我們的生活。粉絲不介意讓祂來做些修飾粉刷的工作，但耶穌要的是拆掉重建。粉絲只想要檢修引擎，但耶穌要的是全車大維修。粉絲以爲只需要一些局部裝潢，但耶穌要的是重新大改造。粉絲要耶穌激勵他們，但耶穌要干預和介入他們的生活。

尼哥德慕和耶穌談話的開場白，便清楚表明，他知道耶穌是從神而來的。他已抵達信仰的此岸，但接下來要開往何處？耶穌從不兜兜轉轉的浪費時間，祂直探核心，不客氣地直指尼哥德慕夜深人靜才來找祂的緣由與心態。祂在第三節對尼哥德慕說，他需要「重生」。對眼前這位宗教領袖而言，這句話難以吞嚥。尼哥德慕從小就熟讀《聖經》中記載於《舊約》的《摩西五經》（梅瑟五經）（希伯來語發音爲妥拉，Torah），再以他的一生建立起難以動搖的宗教資產與地位。但耶穌一再挑戰尼哥德慕，祂要尼哥德慕放棄那些衡量敬虔行爲與宗教禮儀的工具，因爲耶穌根本不看那些。尼哥德慕必須謙卑地放下自以爲是的宗教外衣，接受由內而外、徹底更新的生命。

尼哥德慕確實說對了耶穌的身分，但那與跟隨耶穌是迥然相異的兩碼子事。耶穌不接受與尼哥德慕建立一種「純然相信」的關係，祂要挑戰尼哥德慕來跟隨祂。耶穌不只要暗夜裡的尼哥德慕，祂也要光天化日下的尼哥德慕。

當我們決定相信耶穌，
卻不願全然獻上自己來跟隨祂，
那麼，我們只是不折不扣的粉絲。

你是「耶穌粉」嗎？

Q1 你決定相信耶穌？或全然獻上給耶穌？

這兩者之間，看似沒差，實則南轅北轍。很多人決定相信耶穌，但並不打算立約跟隨耶穌。基督教的福音不允許將這兩者混為一談。建基於《聖經》的相信，是一種超越理性知識或言語認知的相信。有許多粉絲在一場講道結束前的呼召中，激動地走向台前，或禱告或舉手決志，立定心志要相信耶穌，卻從不曾決心要跟隨耶穌。嚴格說來，耶穌從未提供這份選項。祂尋找的，是比口頭上的相信再更多一些，祂要看那些信誓旦旦的承諾如何在尋常生活中行出來。當我們決定相信耶穌，卻不願全然獻上自己來跟隨祂，那麼，我們只是不折不扣的粉絲。

想像你在一場婚禮上，深情款款的新郎，凝視著美麗的新娘。在婚禮的宣誓儀式上，激動不已的新郎眼眶含著淚，說：「……直到死亡將我們分離。」坐在觀眾席的你，因這段誓約以及新郎的決定而動容不已。想像一下，一週後，你卻赫然發現這個新郎竟在蜜月期間對妻子不忠，頃刻間，那些言猶在耳的句句誓言忽然變得毫無價值，成了多麼諷刺的廢話。你自然會做出這樣的結論：原來，新郎在情緒高昂下所做的公然宣告，不過是空洞不實的話，禁不起考驗。

我們習慣把「相信」定義為對真假的接受。但建基於《聖經》的相信，不只是理智上的接受或情感上的認定，而是全然獻上、毫無保留的一種跟隨。按著定義來看，跟隨的要求比頭腦的理性活動還要更多，它要求起而行。今天的教會之所以漸漸轉型成粉絲工廠，其中一個因素是，我們把「相信」和「跟隨」拆開來教導，各自表述的結果，造成信仰生活的嚴重失衡。

如果你仔細閱讀《新約聖經》前面四卷福音書所記載有關耶穌基督的一生，你會發現，耶穌提及「相信我」大約有五次之多，但你可知道耶穌說了幾次「跟隨我」？二十次。我不是指跟隨比相信更重要，我要表達的是，這兩者是互為關聯、密不可分的，它們是信仰的心臟和肺臟，缺一不可存活。假若你嘗試把「跟隨」的元素從「相信」的信息中抽離，那麼，這種「相信」，在發生的過程中就提早衰竭了。我們的教會將持續塞滿熱情的粉絲，一直到我們終止「跟隨」與「相信」的二分法。跟隨是相信的一部分，而真實的相信，就是跟隨。

我曾經接觸過許多粉絲，他們在教會或基督教社群裡，不斷被強化自己對耶穌的相信，但對何為跟隨耶穌的真義卻不甚了然。

你們若有一週上健身房好幾次的經驗，就不難發現，在健身房裡總有一些「健身老鳥」，幾乎天天報到。在我常去的健身房，我觀察他們總是漫無目標地進出重量訓練室，然後對著鏡子孤芳自賞。我發現了一些有趣的現象。這些人通常上半身壯碩健美，但卻雙腳纖細。他們一天花好幾個小時在胸部、雙頭肌、三頭肌的訓練，但大腿、小腿卻鮮少被注意。結果是，整個身形嚴重失衡，我稱之為「小矮子配阿諾史瓦辛格」效果。他們有著阿諾般的雄偉上半身，卻配上小矮子的下半身。❶

這便是我們常用來訓練門徒的方法。在教導何為基督徒之際，我們花了很多時間與精神來帶領他們進入「相信」的階段，但卻沒有清楚呼召他們去跟隨。我們勾選「相信」，且把這兩個字用粗字體大大標示著：**相信**。但關於「跟隨」的種種，卻以縮小版的細字體，一筆輕輕帶過。

❶這樣的描繪純然是敘述用途。若有任何和我一同上健身房的朋友與這些形容雷同，純屬巧合，請勿對號入座。

或許那恰好也是你的故事。當你初次聽聞福音，有人帶著激昂的語氣，長篇大論地鼓勵你做一個相信的決定，但對於這份相信所需包含的跟隨，以及隨之而來對生活與價值觀的轉變，卻說得極少極輕。我稱這種行動為「販賣耶穌」。

全心全意跟隨，還是只挑對自己有利的？

如果你曾遇過口才極佳的推銷員，你就會懂我的意思。他們投你所好，盡其所能地強調一切產品的優勢，至於那些不太吸引人的部分，他們會省略不談。為了不想破壞銷售行情與業績，教會經常抗拒將目光聚焦於信仰的代價與犧牲奉獻的課題上。

在耶穌與尼哥德慕的會遇現場，耶穌毫不遲疑地提出挑戰。顯然，跟隨耶穌所要求的犧牲奉獻，將致使尼哥德慕付出極昂貴的代價。當我們嚴肅地反思跟隨耶穌的意義，再好好檢視所有經卷的記述，會發現這是個貫穿全書、無法迴避的重要主題。若不是跟隨上帝，摩西（梅瑟）不會立足於埃及法老面前。若不是跟隨上帝，挪亞（諾厄）不會在屢遭鄰舍嘲諷譏笑中，仍堅持要蓋大方舟。若不是跟隨上帝，但以理（達尼爾）不會因為堅持敬拜上帝而被丟擲於獅子坑。跟隨耶穌，不是件讓你在見不得人的夜晚偷偷進行的事，而是一份二十四小時的約定，是會深刻介入並影響你的生活與人生的事。那不是縮小版的細字體，那是個大保證。

你有沒有過在夜闌人靜時，拿著遙控器轉換電視頻道之際，忽然蹦出「如何快速致富」之類令人不勝其煩的廣告？一個白目的人站在鏡頭前，不斷問你一些問題，例如，想不想賺更多錢？想不想搭飛機時只坐頭等艙？有沒有興趣提早退休？是不是渴望早日脫離為錢憂心的經濟困境？他繼續問你，這一切聽起來是不是讓你很心動？然後，這位自以為是購物台名主持人的傢伙開始說服你，這一切都可以讓你免費獲得，你甚至不需要付運費和任何附加手續費。

你如何回應？你如何抗拒得了？坐在家裡什麼也不需要做，彷彿從天上掉下來沒有認罪悔改，就沒有寬恕。
沒有捨己犧牲，就沒有救恩。
沒有死亡，就沒有生命。
沒有忠心跟隨，就沒有相信。

的禮物，一切免費。我常在想，是不是有很多傳道者或牧師，其實是該被呼召去當深夜時段的電視購物台推銷員？因爲有太多人所聽到的福音，充滿了這類的意思：想不想獲得永遠的生命？你想不想讓一切罪疚都被赦免，讓一切重新開始？你要在天堂享受永生，或在火窯般的地獄受苦？有些傳道者說得更是荒腔走板，例如，你想不想有一個豐裕富足的人生？你準備好向上帝支取健康與財富了嗎？聽起來是不是很心動？有興趣嗎？有些人揉揉眼睛，切換頻道，但其他許多粉絲已經化心動爲行動，紛紛報名選購了。

他們訂購了「福音」這項產品，完全免費，分毫不必付。

假設有人在解釋何謂基督徒時，刻意省略或忘了提及這些重點，現在讓我再一次釐清：沒有認罪悔改，就沒有寬恕。沒有捨己犧牲，就沒有救恩。沒有死亡，就沒有生命。沒有忠心跟隨，就沒有相信。

我曾經收到一封電郵，寄到教會來，要求撤銷會員的會籍。這位朋友申請離開的理由是：「我不喜歡凱爾（亦即本人也）的講道。」

一切再清楚不過了。我想聽聽更多的解釋，於是決定找他來聊聊。我查了他的名字，找到電話號碼，我想確定那不是我的妻子，不然就糗大了。我一邊開車，一邊用手機打電話給他（不過，我建議你開車時不要打電話）。電話接通了，我開門見山說：「嗨，我是凱爾．艾德曼。我知道你想離開教會的原因是因爲你不喜歡我的講道。」

電話那頭一陣沉默。一如我所料，我的直截了當讓他頓時措手不及。然後他開始回答，拉拉雜雜講了一堆，試圖替自己緩頰。就在他凌亂無序又冗長的解釋中，我赫然聽到了一段關鍵句子，雖然那不是什麼建設性的鼓勵語句，但聽在我的耳中，卻讓我激動得潸然淚下；我吸了一口氣，放下心頭大石。我即刻把車子停到路邊，抓了支筆，火速記下他剛剛說的一段話：

嗯……我每一次聽你講的道，都讓我覺得你想要嘗試影響我的生命。

對呀，還有什麼比這句話更貼切的呢？那正符合我的職務說明和上帝對我的要求啊！你聽到他說的嗎？他在說——我相信耶穌，我是超級大粉絲，但請不要叫我跟隨耶穌。我不介意每週日來教會參加聚會，我吃飯前會禱告，也不排斥在汽車防撞桿上貼個「耶穌和魚」的貼紙，但是我不要耶穌來影響或介入我的生命。當耶穌界定祂渴望與我們建立的關係時，祂總是清楚明說，當一名只要「相信」、卻不肯做出任何跟隨的承諾或代價的粉絲，從來不在祂提供的選項裡。

〈約翰福音〉第三章生動敘述了耶穌與尼哥德慕的會遇和對話，當尼哥德慕離開時，我們不知道他心裡做了什麼決定。短暫的一段沉寂以後，我們幾乎要把他認定為一名粉絲了；或許連熱情的仰慕者也稱不上，充其量只能說是一名隱姓埋名的仰慕者，為此，他至少不需要當下就毅然決定與耶穌建立一種更深刻的關係，一種從話語的相信，晉升為生命翻轉的關係。

但令人驚訝的是，這不是我們最後讀到有關尼哥德慕的記載。峰迴路轉，我們與尼哥德慕重逢於〈約翰福音〉第七章。當時耶穌的聲望與日俱增，那些保持觀望態度的宗教領袖開始感覺不妥，嫉妒和恐懼從四面八方而來，於是他們召開「猶太會議」，想定個莫須有的罪名來叫耶穌閉嘴。部分宗教領袖想扣耶穌「假先知」的帽子，但他們得想方設法找出一個像樣的控訴或證詞，好讓「假先知」的罪名得以成立。共謀大計的那場會議中，尼哥德慕於席間，在那個由七十二名宗教領袖所共同執行的會議裡，他是其中一員。尼哥德慕相信耶穌是從上帝而來的，但他會發言嗎？他的相信，有沒有轉化成任何一種堅定的承諾與行動？我相信他坐在那裡，心裡暗自希望有人可以站起來，爲耶穌抗辯或說句公道話。席間，肯定不只他一人相信耶穌啊！他的思緒快速轉換與交戰，盤算著如果自己公然表白，需要付出什麼代價。然後，我們在經文的第五十一節，讀到這段尼哥德慕爲耶穌辯護的話：

「不先聽本人的口供，不知道他所做的事，難道我們的律法還定祂的罪嗎？」（〈約翰福音〉7：51）

雖然只有簡短的一段話，但這段公然為耶穌表明立場的辯護，確實讓他冒了失去職業與聲譽的危險。這不再只是私下隱密性地談論著他的信仰，他開始讓信仰介入他的職場工作、他的人際互動、他的經濟前途。就在發言的當下，尼哥德慕轉換了身分，不再是個粉絲，他開始踏上跟隨的道路。

當他站起來為耶穌辯護時，我們在經文的第五十二節中發現，其他的「猶太會議」領袖是這麼回應他的：

「你也是出於加利利嗎？」

這句話乍聽之下不算太粗暴，但顯然他們故意要讓認同耶穌的尼哥德慕難堪。拿撒勒城是個微不足道的城市，沒有人會以來自這個地方為榮。當時那個年代，甚至流行著這麼一句話：「拿撒勒能出什麼好東西？」❷過去，「猶太會議」的宗教領袖經常藉此身分議題來開耶穌的玩笑；而今，他們再度借題發揮來攻擊尼哥德慕。這是個令他自尊受損的打擊，也是對他長期辛苦建立起來的宗教地位與威望的衝擊。尼哥德慕面對的是個大考驗。

我發現，對許多基督徒而言，他們其實經常處於這樣的拉扯與掙扎：成為粉絲或跟隨者？

這一句「你也是出於加利利嗎？」，讓尼哥德慕還能過一種不必付出代價的跟隨嗎？

在〈約翰福音〉的最後幾章，我們又見尼哥德慕出場。〈約翰福音〉第十九章提及，耶穌已被釘十字架，祂的身體被取下，等著被安葬。這時，「尼哥德慕帶著沒藥、沉香約有一百斤前來。」那是價值連城的昂貴香料，而更令人驚訝的是，尼哥德慕的行為背後，所付出的成本和代價遠比那些高級香料更多。他不再隱藏自己對耶穌的情感。

❷ 一如我們肯塔基州流行的一句話：「杜克（Duke）能出什麼好東西？」

如果你曾經在暗地裡相信祂，
耶穌此刻邀請你，在日光下跟隨祂。

就當時四面楚歌、風聲鶴唳的局勢而言，大部分人爲免被無故牽連，早已逃之夭夭，反觀尼哥德慕的作爲，他不顧一切地表達對耶穌的愛與奉獻，已經超越遮遮掩掩的信仰、超越言語和口頭的相信。他不再是個隱姓埋名的仰慕者，亦非熱血粉絲，他已然是個跟隨者了。那是我們最後讀到有關尼哥德慕的故事。根據傳統教會歷史的資料紀錄，尼哥德慕最後成爲第一世紀的殉道者。

如果你曾經在暗地裡相信祂，耶穌此刻邀請你，在日光下跟隨祂。

非粉絲小見證

魏傑的生命故事

我記得當我的妻子開始上教會時，我清楚地意識到自己不信這套，也不希望和這份信仰有任何牽連。我不反對載她去教會，但我不下車。我待在車上，抽幾根菸，思緒開始轉。有時候我會想起自己出生的原鄉——印度，以及在印度教傳統信仰中的成長故事。我的母親是廟宇的女祭祀，我生於印度種姓制度中的最高位階，即僧侶級的婆羅門，因此，我深信自己從小就被眾神祇眷顧，我是得天獨厚的。

我的婚姻是被長輩們安排的，但我的妻子葛佳卻深不以爲然，她不認爲我們的結合是受迫於家長的強制安排，因爲我們之間確實有情愫的化學反應。看她對《聖經》的熱衷與興趣，我耐著性子，按兵不動。幾年前，葛佳開始參加基督教學校的課程，那是她第一次聽到有關耶穌的故事。我們之間的不同信仰對我們這段越來越曲折的婚姻，幫助不大。回首這段近十年的婚姻生活，我的經歷多半充滿衝突與挫折。

二〇〇五年開始，葛佳開始每週日固定出席教會聚會。某個週日，我原該一如以往呆坐在車上抽菸的，但我也搞不清楚爲什麼，我忽然決定要下車，進去裡頭喝杯咖啡。教會裡設有小型咖啡館，我坐在那裡，邊喝邊忍不住聆聽著從會堂裡傳出牧師講道的信息，大型的轉播銀幕就架設在我面前。我聽了一會兒，對那些高潮迭起的內容深感興趣。從那時開始，我每週日早上準時坐在那裡，喝咖啡、聽道理。

某個週日，葛佳邀請我和她一起走進禱告室。「我們之間有很多問題，」她繼續說道，「我們需要有人來為我們禱告。」雖然我並不相信這類的禱告，但我還是跟著她進去。在禱告室裡，我遇到一對夫妻——林和凱若，他們花了些時間為我們禱告。

每週聆聽的講道內容，開始在我心裡累積出許多信仰問題，我開始詢問林有關基督教信仰。在那一年的時間裡，林和凱若這對夫妻解答了我許多信仰難題。林開始陪著我讀《聖經》，也常為我禱告。但我還是不太熟悉基督教的「一神論」概念，因為那完全顛覆了我從小被灌輸的多神概念。更糟糕的是，如果有一天我成為基督徒，我在印度的原生家庭肯定會和我斷絕關係，他們會對我非常失望。

但當我越投入於《聖經》的研讀、禱告，加上從教會朋友而來的支持，我猛然驚覺到一件奇妙的事：原來，這四十二年來，我不斷尋尋覓覓的事與人，驀然回首，那人竟是耶穌。我決定要讓祂進入我的生命，這是我所需要的。我的婚姻尤其需要這份信仰——我們當時已著手研擬離婚協議書，甚至已開始分居。機會稍縱即逝，不該再拖延，我知道唯有耶穌能救我脫離這一切。

一個星期後，我在眾人面前公開宣告我的信仰，並接受洗禮。我的兩個兒子也選擇接受這份信仰，所以，洗禮後，我馬上讓他們也接受洗禮。從那天起，我搬回去和妻兒同住。上帝對我的生命有個計畫，祂能醫治所有傷害，也是一切問題的答案。

我是魏傑，我不是粉絲。

第3章

靈魂與靈魂的交融：知道祂 V.S. 認識祂

〈路加福音〉第七章

有一次當我在南加州的教會講道時，連續劇《中央醫院》（*General Hospital*）的一名演員❶也參加了那場聚會，他的名字是安德烈（Réal Andrew）。他幾乎每週日都來參加主日禮拜，也漸漸在信仰上成長為基督徒。某日他上前來告訴我，再過幾天有個專為連續劇演員與粉絲所舉辦的「影迷相見歡」，他想在現場為他的粉絲安排一段「福音時間」，邀請我前往分享信息。雖然我對連續劇不太熱衷，也不習慣在聚會中穿插「福音時間」，但我仍答應前往參加。

那天終於到了。這位演員租下好萊塢飯店的大禮堂，然後安排我對著從全國各地前來參加的粉絲講道。我得承認，那種感覺有點不真實。我走進禮堂，身邊是衝著安德烈蜂擁而至的粉絲。對我而言，安德烈只是教會裡的朋友；但對這群入戲的影迷而言，他是一部傳奇連續劇中了不起的大牌影星。當我走進去時，大夥兒正興致勃勃地進行搶答比賽的遊戲，看看哪個粉絲知道最多有關安德烈的一切事。他們對他的背景如數家珍、瞭若指掌，他們肯定知道得比我還多。他們知道他的出生地、就讀的高中、他每一個小孩以及個別的年紀，甚至孩子們過敏的食物。我坐在那裡，面對眼前的這一切，面對這群掌握那麼多背景資料的粉絲，我自嘆不如，卻也感到不可思議和不明所以。

但當你進一步去深思，事實卻未必如此。那些粉絲其實並不眞的了解安德烈，他們只是知道關於他的一切。他們掌握了一些關於安德烈的資料、背景等瑣事，但我知道他如何走向認識耶穌基督的道路。他們知道安德烈演了多少集、以及他的角色中所面對的不同掙扎，但我認識的是鏡頭以外的他所扮演的眞實角色。我認識的是

❶有興趣的粉絲，他是影集裡的馬庫斯．塔葛特（Marcus Taggert）偵探。

粉絲們費盡心思來研究上帝，
但他們從不把心交出來。
這群人講起上帝時，頭頭是道，滿腹經綸，
但他們從未真正靠近祂、認識祂。

安德烈本人，我是他的朋友；而粉絲只不過是知道關於安德烈的事，卻不認識他。

在《聖經》裡，我們讀到一群被稱為法利賽人*的宗教領袖。法利賽人掌握了一切有關上帝（天主）的知識。如果有人想玩「《聖經》搶答賽」❷、「大上帝」或「《聖經》棒球賽」，這群人一定穩操勝券，十拿九穩。他們知道關於上帝的一切，但我們發現，他們僅止於知道，其實並不眞的認識上帝。

在〈馬太福音〉（瑪竇福音）中，耶穌如此形容法利賽人：

「這百姓用嘴唇尊敬我，心卻遠離我。」（15：8）

這段話說中了大部分我所認識的粉絲。就像法利賽人一樣，粉絲們費盡心思來研究上帝，但他們從不把心交出來。這群人講起上帝時，頭頭是道，滿腹經綸，但他們從未眞正靠近祂、認識祂。這是另一個區分粉絲與跟隨者的特質，也是知識與親密關係之間的大不同。

在〈路加福音〉第七章，耶穌受邀前往其中一位法利賽人西門的家裡做客。西門應該是在耶穌結束一場講道以後，才提出邀請。顯然，那是耶穌時代的「愛宴」。❸對主人家西門而言，邀請像耶穌這樣的猶太教師一起用餐，絕對有助於敬虔形象的加分。照理來說，耶穌應是晚宴的座上貴賓，但不久我們竟發現，原來西門對耶穌的邀請不過是例行公事，並非出於對耶穌眞心誠意的敬重。

在那個年代，宴客時有些基本禮儀是必須要進行的，對賓客最普遍的問候方式是親嘴。如果來賓和主人的社經地位相當，則親吻來賓的臉頰；但如果來賓地位崇

---

*法利賽人是猶太教中非常著名又有影響力的教派，嚴守猶太戒律，與主張「愛勝過戒律」的耶穌敵對。耶穌曾嚴厲批評法利賽人，說他們是一群表面敬虔、假冒偽善的人。

❷問題：《舊約》先知中，誰是亞摩斯（Amoz）的兒子？答案：以賽亞（依撒意亞）。誰是以賽亞？這一題我終生難忘，因為這一題讓我賠上了六年級的那場冠軍賽，獎品是一百個《聖經》積點。

❸如果你不是從小在教會長大的孩子，這裡的「愛宴」，指的是在教會聚會結束後，為鼓勵會友留下一起交流的餐敘。有些教會採一家一菜的方式，每一個家庭帶一道菜餚來分享。我們教會的愛宴上，最常吃的一道菜是果凍沙拉，那是由前一天吃不完的剩菜所組合的菜餚，包括甜菜根、鮪魚、豬肉罐頭、奶酪，再加上花生醬和果凍一起混搭而成。這道特殊的沙拉是由魏瑪（Wilma）或貝蒂（Betty）所提供。

高，主人則親吻來賓的手。直接省略親吻的問候禮儀，無異於公然對人客表達不敬。就像有人來你家，你卻當他透明般不存在，沒有「嗨」、沒有握手，什麼也沒有，連點個頭致意都省了，這是極其不禮貌之舉。

另一個第一世紀的中東文化禮節還包括洗腳。飯前洗腳是必須且基本的待客之道。如果你眞的打從心底敬重這位來賓，那麼你該親自爲他洗腳；不然，你也該讓家裡的僕人替賓客洗腳；或者最起碼，你應該把洗腳的水遞給人客，讓他自行洗腳。

對那些特別尊貴的來賓，洗完腳以後，你還會用些橄欖油塗抹在他頭上。雖然那只是普通的油，但至少你表達了好客與誠意。當耶穌抵達西門家時，沒有迎面親吻的問候，沒有洗腳的預備，遑論塗抹於頭上的油。這一切是主人刻意的疏忽，是深思熟慮後的安排，爲了要當眾忽略與羞辱耶穌。

別錯過這段重要又諷刺的時刻。西門用了一生來鑽研《聖經》經卷。未滿十二歲以前，他已經把《舊約聖經》的前十二本經卷倒背如流了。十五歲以前，整本《舊約》三十九卷書，他也已牢牢熟記了。他費盡力氣熟讀超過三百本有關彌賽亞

（默西亞）將要再來的先知書，卻不知眞正的彌賽亞就在眼前，而且彌賽亞的手他不肯親、腳他不肯洗、頭他不肯抹油。他知道所有關於耶穌的一切，但他從不曾眞正認識祂。

你是「耶穌粉」嗎？

Q2 你只知道有關耶穌的事？或你眞的認識祂？

粉絲最大的傾向之一是，經常把「認知」與「親近感」兩者混為一談。他們分不清「知道關於耶穌的一切」與「真正認識祂」之間的不同。在教會裡，我們也經常出現諸如此類的混亂狀況。我們設立了一套又一套課程，結果讓我們累積了很多關於耶穌的知識，但卻未必能幫助我們更深刻地與祂親近。

想想看，我們喜歡以查考《聖經》為主的查經班，有些甚至還附帶作業簿。我們一遍遍地完成各種《聖經》的課外活動，包括回家作業。牧師的講道，也不忘附上大綱加上填充題，以方便會友邊聽邊做筆記，還要把正確答案填進空格內。許多講道者把他們的講道信息，當成一堂課程或教學。如果你從小就在教會中長大，你大概去過主日學，就是那種分級分班、由老師帶領學生的學習班。暑假時，你大概也逃不過「暑期聖經學校」的夏日營。搞不好你還參加過類似「《聖經》知多少」之類的搶答比賽，比賽輸贏就是依照你舉手或按鈕搶答《聖經》問題的準確與否來判定。

可別誤解我的意思，學習與研讀上帝的話語是重要而有價值的。耶穌在世上傳道時，也大量從《舊約》的內容中引經據典，足以顯示祂對上帝話語的研讀與認識是多麼嚴謹而認真。問題不在於知識。真正的問題是，你擁有了一切關乎耶穌的知識，卻不與祂親近。其實，知識有時會成為親近關係的錯誤指示器。照理說，越親近會越認識，但大多數時候，越認識卻沒有越親近。比方說，我和我太太的親密關係是建基於我對她的認識和了解。我知道她用什麼牌子的洗髮精，我知道她會點哪種生魚片，我知道什麼事能逗她開心，什麼情況下她會流淚。❹所以，可想而知，知識應該是親密感的一部分，但擁有知識卻不代表擁有親密關係。

一如這位記載於〈路加福音〉第七章的法利賽人，一如今天的粉絲。就說我自己好了，有長達數年的時間，我把「知道」與「認識」兩者混為一談，捨本逐末。舉個例子，我可以把全本《聖經》六十六卷書的目錄，準確無誤地按照順序背誦出來。我還可以一口氣講完所有經卷。喔，請不要做出那種不屑的表情。我們來做個實驗，打開

❹奇怪的是，我至今仍搞不懂她頭髮的自然顏色該如何歸類。這已列入未來見上帝時必問的問題，僅次於這題：「上帝，你創造了一切，那誰創造了你？」

《聖經》目錄頁，試試看不換氣，對，就是一口氣把它們大聲朗讀出來，你將油然生出一股「屬靈的成就感」。

準備好了嗎？深深吸一口氣，開始：

創世記（創世紀）、出埃及記（出谷紀）、利未記（肋未紀）、民數記（户籍紀）、申命記（申命紀）、約書亞記（若蘇厄書）、士師記（民長紀）、路得記（盧德傳）、撒母耳記上（撒慕爾紀上）、撒母耳記下（撒慕爾紀下）、列王記上（列王紀上）、列王記下（列王紀下）、歷代志上（編年紀上）、歷代志下（編年紀下）、以斯拉記（厄斯德拉上）、尼希米記（厄斯德拉下）、以斯帖記（艾斯德爾傳）、約伯記（約伯傳）、詩篇（聖詠集）、箴言、傳道書（訓道篇）、雅歌、以賽亞書（依撒意亞）、耶利米書（耶肋米亞）、耶利米哀歌（耶肋米亞哀歌）、以西結書（厄則克耳）、但以理書（達尼爾）、何西阿書

（歐瑟亞）、約珥書（岳厄爾）、阿摩司書（亞毛斯）、俄巴底亞書（亞北底亞）、約拿書（約納）、彌迦書（米該亞）、那鴻書（納鴻）、哈巴谷書（哈巴谷）、西番亞書（索福尼亞）、哈該書（哈蓋）、撒迦利亞書（匝加利亞）、瑪拉基書（馬拉基亞）、馬太福音、馬可福音（馬爾谷福音）、路加福音、約翰福音（若望福音）、使徒行傳（宗徒大事錄）、羅馬人書（羅馬書）、哥林多前書（格林多前書）、哥林多後書（格林多後書）、加拉太書（迦拉達書）、以弗所書（厄弗所書）、腓立比書（斐理伯書）、歌羅西書（哥羅森書）、帖撒羅尼迦前書（得撒洛尼前書）、帖撒羅尼迦後書（得撒洛尼後書）、提摩太前書（弟茂德前書）、提摩太後書（弟茂德後書）、提多書（弟鐸書）、腓利門書（費肋孟書）、希伯來書、雅各書（雅各伯書）、彼得前書（伯多祿前書）、彼得後書（伯多祿後書）、約翰一書（若望一書）、約翰二書（若望二書）、約翰三書（若望三書）、猶大書（猶達書）、啓示錄（默示錄）。

你做到了嗎？不過，問題是，耶穌根本就不在乎我會不會這個「絕活兒」。祂真的一點都不在乎我這方面的知識和才能。坦白說，我希望祂在乎，而且我多麼希望當生命終末的「大審判」那日，耶穌把我們都召聚一起，然後說：「好吧，現在，誰可以一口氣背誦《聖經》目錄的，往前大踏一步。誰無法完成這項技能的，哦，我會給你兩次機會，但是如果你真的做不到，抱歉，請你走下一個台階。」可惜，耶穌不玩這個遊戲，不然，我就可以步步高升、自動晉級了！真實狀況是，有很長一段時間，我自以為是跟隨者，只因為我覺得自己懂得多。

我出生於基督教家庭，鮮少錯過任何週日的主日聚會。我仍記得自己很小就會背誦〈主禱文〉、〈約翰福音〉三章十六節、〈詩篇〉二十三篇等常被引用的經文。五歲那年，我記得有一次媽媽要我綁著領帶上教堂，我抗拒不肯，在房間裡大發脾氣。媽媽想知道我為何那麼生氣，我噙著淚水解釋道：「如果我繫領帶，萬一他們要我上台講道呢？」十三歲時，每每看著我爸爸梳著那一頭「浸信會式的髮型」，我開始感到一種無形的壓力，彷彿要那樣才是完美的基督徒形象。我也開始蒐集最潮的「見證衣物」，我累積下來的戰利品相當驚人，那些醒目的字眼包括：上帝的健身房、最真實的事、這是為你流的血……，我通通都有。當我升上國中時，甚至把耶穌釘在十字架的照片掛在牆壁上，剛好和籃球巨星喬丹的照片毗鄰而掛。那時候的我，很需要透過外在可見可觸摸的東西，來自我認定並確定和耶穌的關係，因為我是「耶穌迷」，就像我迷喬丹一樣。我熟記所有喬丹的紀錄和狀況，我知道他，但我其實不認識他。

如果你為此質疑我不是貨真價實的耶穌跟隨者，只是個耶穌迷，那我可會理直氣壯地辯護，或乾脆挑戰你來和我一起玩「寶劍遊戲」。遊戲規則是：誰可以在最短的時間內快速翻到指定的經文，誰就贏。[5]進行這種類似舞王「尬舞」的「尬經文」比賽，我所累積的豐功偉業，無人能及。年紀漸長，我會以自己追隨的敬虔傳統以及道德操守，來證明自己是耶穌的跟隨者。我會告訴你，我不喝酒，我不口出惡言或髒話，起碼不大聲罵。其實，我和一班朋友真的是志同道合的交心跟隨者，我們甚至自創自編了許多只有我們聽得懂、屬於我們小圈圈的基督徒髒話。

好吧，別再逼我了。但如果你要這樣逼我拿出證據，我就老實不客氣地把我在「基督徒籃球營」中贏得的「屬靈領袖獎」也拿出來秀囉！我得解釋一下為什麼我只拿到第二名，那是因為第一名那傢伙，他老爸是營會的主任，我滿腹怨氣，真想不屑地叫作弊的是蹩腳。言歸正傳，我恐怕無法具體形容出我和耶穌之間的關係，但我真的可以斬釘截鐵地告訴你，我知道耶穌。問題是，如果只有知道卻欠缺了認識的親密感，那終究只是個粉絲。

比「知道」更深刻的關係

如果要從《聖經》詞彙中找個最貼近「親密關係」的字，那是「知道、認識」。但此「知」所蘊含的意思，比字面上的知道或認識，還要更深得多。《聖經》在〈創世記〉第四章一節中第一次用這個字時，形容的是一份關係：

「亞當認識他的妻子，夏娃（厄娃）。」（欽定版本）

〈創世記〉所使用的原文是希伯來文，希伯來文的「認識」，正確發音為「雅達」（Yada），對這個字最適切的定義是：

毫無保留地認識一個人，也讓對方毫無保留地認識自己。

---

❺如果你對此不了解，那我就可以贏你了。

在另一個版本的《聖經》翻譯裡，按照經文的脈絡與敘事，同一段〈創世記〉第四章第一節的經文翻譯，或許你手上的《聖經》正是這個版本：

「亞當和他妻子夏娃同房……」（〈創世記〉4：1）

看到了嗎？那應該是我們對「雅達」的理解。請先別咯咯大笑兩聲就想跳過這段，拜託，這不是什麼「雅達、雅達、雅達」掩嘴偷笑的曖昧時間，好嗎？這神聖的「雅達」時刻，指的是夫妻之間的關係。那是一種全方位的親密關係，徹底地認識對方，也徹底地被認識。這是一幅美好的圖畫，幫助我們更具體明白何爲認識基督。當然，還有別的希伯來文可以用來指涉性行爲的親密關係，不過，這個與性行爲同義的字，在其他經文裡也被用在與生理行爲或甚至生殖生產相關的事上。但在這裡，〈創世記〉第四章的「知道、認識」所用的希伯來原文，確實是「雅達」。顯然，《聖經》在這裡所使用的「知道、認識」的意思，比知識上的知道還要多很

上帝多麼想要認識你，
也希望你可以多認識祂一些。

多。毋庸置疑地，它指的是一種最親密的連結與關係。有一位希伯來學者爲這個字下定義：「靈魂與靈魂的交融」，那是比知道更深刻的知道，那是無可比擬的親密關係。

因此，你現在應該明白，這個被譯成「知道」的字眼，竟可用來形容男女之間的肉體親密關係。是的，他們彼此「雅達」。由此出發，我想進一步告訴你，上帝多麼想要認識你，也希望你可以多認識祂一些。接下來我要說的內容，乍聽之下，恐怕會讓部分讀者覺得不自在或有些奇怪。沒關係，我明白。讓我們一起來處理和面對，請容我先給你一些重要提醒：❻

如果你追溯整本《舊約聖經》所使用的「雅達」次數，你會發現這個字一次又一次地被使用，也被用來形容上帝與我們的關係。這個字一再地在《聖經》裡出

❻或許這些提醒是多餘的。不過，我在中學期間確實被班上的性教育搞得有些不知所措。事後回想，或許我父母應該事先給我一些相關的提示，例如：「嘿，兒子，注意哦，你那位恐怖的數學老師今天會跟你們說一些有關小嬰兒從哪兒來之類的內容，可能會讓你覺得有點可怕唷！」

現，生動地描繪了上帝多麼希望被我們認識與了解，而事實上，上帝也如此深刻地認識我們。在〈詩篇〉第一百三十九篇裡，作者大衛（達味）至少六次使用這個字來形容上帝如何知道我們、認識我們：

「耶和華啊，你已經鑑察我、認識我。我坐下、我起來，你都曉得。你從遠處知道我的意念；我行路、我躺臥，你都細察，你也深知我一切所行的。耶和華啊，我舌頭上的話，你沒有一句不知道的。」

哇，想想看那情境！同一個字，同一個用來形容夫妻親密感的字眼，竟然被用來形容上帝對你的認識，以及祂何等渴望被你認識。這樣的認知，讓我恍然改變，也重新定義自己與耶穌之間的關係。我開始以祂的眼光和角度來審視祂對跟隨者的要求。我終於明白，知道有關耶穌的一切無法使我成為跟隨者，但因為我認識耶穌，所以我得以成為耶穌的跟隨者。

在〈路加福音〉第七章，那位宴請耶穌的法利賽人，他掌握有關耶穌的事，但卻不認識祂。他的心離耶穌很遠。他不曉得和他同席的那位訪問教師，就是他耗盡一生心血在研究與期待的彌賽亞。這段經文的後續發展，提到耶穌在法利賽人家裡用餐席間，一名婦女走進會場。當時，他們用餐的地方可能就設在庭院，外面的行人不但一目瞭然，甚至隱約可聽到裡面的人高談闊論。當一名不請自來的女人走進主人家的餐桌邊時，劇情急轉直下，氣氛變得有些尷尬。情況有些緊張的緣由，是因爲進場的這個女子，身分非比尋常。經文第三十七節告訴我們，這女子是個「罪人」。更具體地說，她在村莊裡是個家喻戶曉的妓女。顯然，這女子曾經在某個地方聽過耶穌的教導和講論，也許就在那一天稍早時，然後耶穌的話在她心裡帶來了一些轉化和改變。

到底耶穌說了什麼，讓她如此深受撼動？是關於寬恕嗎？或許當她聽到耶穌這麼說時，淚水奪眶而出，因爲她發現上帝竟然愛她至深，而且赦免她所犯的罪。抑或，耶穌那天講的主題是救贖？也許當耶穌說到救贖時，她終於發現，原來上帝可以把她破碎不堪的生命，一片片整合起來，成爲完全。也或許，她沒聽過耶穌的任何教導，也許只因爲耶穌看她的眼神。耶穌的眼神讓她感受到自己的價值，讓她受寵若驚，彷彿她不再是個「罪人」，而是搖身一變爲至親的女兒。也或許，當耶穌結束一場教導以後，她知道上帝愛她且不放棄她，即使大部分人都已棄絕她。我想她一定曾經自言自語道：「或許一切還來得及，或許像我這樣的人也可以跟隨祂。」

她極其渴望可以再見耶穌，然後她聽說那晚耶穌將到法利賽人西門的家裡去做客。那是她一輩子也不會有機會受邀出席的地方。當然，那種場合她也不想去。她早已受夠了法利賽人看她時那種充滿鄙視的怒目，對於像西門這等法利賽人的家，她避之唯恐不及。但問題是，她必須見見耶穌。實在很難想像，是什麼樣一種豁出去的勇氣，讓她不顧一切禁忌走進庭院。但她是那麼專注於耶穌一人，幾達忘我的地步。她迫切地想表達對耶穌的愛與濃厚的情感，所以她接下來的行動是魯莽的、衝動的，甚至是不合宜的，但那恰是耶穌所要的跟隨者。

想像那畫面。耶穌斜躺在餐桌邊。當時的人用餐時，不用椅子，而是以手肘撐在軟墊上，斜靠在低矮的餐桌邊用餐。他們的腳伸向桌子的另一邊。這女人緩緩靠近耶穌，站在耶穌那雙骯髒的腳旁。滿桌的人都安靜下來，大家屏息以待，關注事情的演變。沒有人不認識她，但她到底想幹嘛？她看了看周圍的人，有一些是熟悉的蹙眉怒目，充滿責難與控訴的眼光；另外一些人則低頭不語，不知所措。但當她轉眼注視耶穌時，她感到耶穌似乎知道她心裡在想什麼。耶穌給了她一個溫暖的微笑，好似在表達「很高興看到你」，而那充滿愛的眼神，打從她一進門就感受到了，那是一雙慈愛父親注視著美麗女兒的眼神。她這一生從未被一個眞正愛她的男人那樣注視過。她感覺自己破碎的心被修復，情不自禁而淚流滿面。她跪下，開始頻頻親吻耶穌的腳。但眼淚像潰堤的河水不斷湧出，滴落在耶穌骯髒的腳上。當她低頭拭淚時，看見耶穌那雙沾滿泥濘塵沙的雙腳，她這才發現原來沒人替耶穌洗腳。她不能跟主人要一塊布，於是她放下長髮，以髮擦拭。當時的女性，在公開場合中一律得把長髮挽起。一個女人若在丈夫以外的男人面前披頭散髮，是不合體統的親暱行爲，已足以構成被休妻的理由。她啜泣的聲音清晰可辨，在耶穌面前，她不假思索地把頭髮放下。她開始以淚洗滌、以髮擦拭耶穌的雙腳。

這卷經文的作者路加告訴我們，這女人帶了雪花石膏瓶裝的香膏。很可能那是種細頸瓶，像鍊子一樣掛在脖子上，作爲隨身繫帶的香膏。你或許已經猜到了，這樣的香膏對她的工作是個重要的工具。她或許曾爲許多不同的男人，謹愼地使用過一點一滴的香膏，但如今，她毫無保留地把整瓶香膏倒空、用完。一次清空瓶子，她不需要再用這些香膏了。她把瓶內的香膏全然傾倒，一如她的生命傾倒在耶穌的腳上，然後她一遍遍地親吻耶穌的雙腳。故事結束前，耶穌對邀請他的主人西門，說了以下這番話：

「你看見這女人嗎？我進了你的家，你沒有給我水洗腳；但這女人用眼淚濕了我的腳，用頭髮擦乾。你沒有與我親嘴；但這女人從我進來的時候就不住地用嘴親我的腳。你沒有用油抹我的頭；但這女人用香膏抹我的腳。」（〈路加福音〉7：44～46）

最終，那些滿腹經綸的宗教領袖只是粉絲，而眞心誠意、不顧一切地對耶穌表達愛意的妓女，才是眞正的跟隨者。接著，該是捫心自問的時候了：**「在這個故事中，我比較像哪個角色？」**

你曾經像〈路加福音〉第七章的女人那樣與耶穌共處嗎？你最後一次對祂毫無保留地付出一切，是多久以前的事？你最後一次在祂面前情不自禁地表達愛意，以致激動落淚，是多久以前的事？你最後一次以近乎魯莽而衝動的舉止對祂公然示愛，是多久以前的事？

我不是要問，你知道祂嗎？我要問的是，你眞的認識祂嗎？

艾德華茲醫生的生命故事

二〇〇六年二月十日以前，我的人生一帆風順。我有兩個兒子、盡心盡責的妻子，以及蒸蒸日上的脊椎指壓治療事業。面對自己所擁有的一切，以及未來的方向，我志得意滿。但一天之後，這一切美好瞬間變調。二月十一日，我獨自開車前往自己的狩獵小屋，我和幾位朋友約好在那裡會合，要一起去打野豬。那是漫長難熬的旱季，沿途觸目所及皆是枯木乾地的旱象情景，亢陽不雨，一片死寂。

我抵達小屋的主要道路時，天色已晚。轉彎直行不久，我就發現自己走錯路了，車子停在超過一百五十公分高的灌木叢前。我把卡車往前再倒退、往前再倒退，調整了好幾次方向，卡車與地面的激烈磨擦和不斷攀升的熱氣，不知怎地，火花烈焰一觸即發，竟點燃了灌木叢。瞬間，整輛卡車成了巨型火炬。我試圖解鎖想趕緊打開車門，但車子的電子系統已被燒壞，完全不聽使喚，我動彈不得，被反鎖在車內。數秒後，窗戶爆炸。我其實對那之後所發生的細節不復記憶，模糊中，我甚至不知道當下自己是如何爬出燃燒的卡車。接下來的情境，我依稀記得自己往狩獵小屋的方向蹣跚前行，一邊忍著痛，一邊不斷告訴自己：「不要停，不要停，繼續走。」

當我終於抵達時，友人誤以爲我身著立體的葉狀獵人裝，但那實在不是騙獵物的迷彩裝，而是我血肉模糊、燒焦的肌膚。救援直升機把我送到醫院的燒燙傷部門，醫護人員告訴我，我臉部的完整肌膚所剩無幾，我也可能會喪失視力以及手部的功能。

上帝在我的人生中劃下一個大大的休止符。我曾經忙著享受成功所帶給我的成果，走在這條步步高升、暢通無阻的快速軌道上，我承認上帝是我生命中的一部分，但並不是最重要的那一塊。如果我的內心深處有個寶座，祂肯定不在位子上；如果我的生命是個宇宙，祂亦不是中心點。我才是一切的中心點。我不相信是上帝點燃那場惡火，但我相信上帝允許它發生，目的無他，就是要引起我的注意。就像想盡辦法要接近孩子的父母，上帝緊擁我的肩膀，要我坐下，然後告訴我：「請聽我說。」那是我生命中一場靈魂覺醒的開始。

在那四年之間，我的七根手指被截肢。我幾乎無法使用僅存的手指來進行任何最簡單的動作，但醫生已盡力了。我的妻子欣蒂開始尋求雙手移植的可能性。我開始爲此進行一連串的等候、檢測，以及禱告。我們花了難以計數的時間一起閱讀《聖經》與禱告。最終，雙手移植手術的時候到了。這項高難度的精密手術，由二十位外科醫師與三位麻醉師，花了共十七小時半來進行。

很多人認爲，我得以活著逃過那場大火，根本是個奇蹟。確實如此。不過，從另一個角度來看，我其實已在火中死了。過去的我，在那天已死了，是上帝重新把一個新的生命再賜給我，這個出死入生的新生命，主導權已從我手中完全移轉到上帝手裡。我不再掌控自己的生命，我已把主權交付給祂。這些日子裡，我和妻子不斷向上帝禱告，我們願意把餘生讓祂來使用，好讓我們的生命可以榮耀上帝。或許這聽起來有些瘋狂，但我想告訴你，如果必須經歷這場火的考驗，方能換來現今與耶穌這般親密的關係，那麼，我寧願歷經身心的熬煉與受苦，也不願平穩安逸地繼續生活，卻因此錯過與耶穌的深刻關係。

我是艾德華茲，我不是粉絲。

第4章

全心全意的回應：眾多之一 V.S. 你是唯一

〈路加福音〉第十四章

在這卷經文裡，耶穌展開了另一個D.T.R.對話。這次，不是在暗夜深巷裡的一對一談話，也不是圍繞在餐桌邊，而是對著一群人。當時，耶穌已是家喻戶曉的名師，祂的言談舉止備受矚目，大家競相談論祂如何使瘸腿的起來行走，讓瞎眼的重見光明，還有祂如何把哀傷的喪禮轉而變成一場歡樂的家庭大團圓。大批群眾從四面八方湧來，擠滿整片山坡地。我想像那人山人海的壯觀場面，恐怕和我們經驗中那些尖叫瘋狂的粉絲、擠爆體育館的情況，不相上下。

一開始，耶穌對簇擁而來的群眾保持接納的態度。祂樂於把諸般道理教導給他們，縱使大部分人是抱著看熱鬧或看神蹟的動機前來。沒錯，十足的粉絲，拿著加了奶油的爆米花入場，等著娛樂節目上演。面對這位異於一般傳統的猶太教師，群眾想要一探究竟的好奇心與日俱增，而耶穌對此並未排斥。時候到了，耶穌開始進入正題，祂談起了「關係」。祂爲這個主題畫了一條線，祂想知道這些人的立場。耶穌的終極關懷，從來不是群眾的數量多寡，而是他們堅定跟隨的深度。

他們是不是只想來看一場精采的神蹟表演或醫治大戲？他們是不是只想來聽一場激勵人心的勵志講座？答案即將揭曉，因爲這群人將被分成兩組：粉絲或跟隨者。

「有極多的人和耶穌同行。祂轉過來對他們說：『人到我這裡來，若不愛我勝過愛（愛我勝過愛：希臘原文是恨）自己的父母、妻子、兒女、弟兄、姊妹，和自己的生命，就不能作我的門徒。』」（〈路加福音〉14：25～26）

耶穌這番話未免太不合情理，祂根本就不懂得討好支持者。你一定暗想，這段

若要跟隨祂，
就要愛祂勝過愛自己的家人，
甚至勝過愛自己的生命。

話或許應該改成這樣：

有極多的人和耶穌同行。祂轉過來對他們說：「哇，好多人啊！我要你們每一個人去邀請一個朋友來，今晚我們一同回到這裡來參加一場嘉年華會，我們將有現場音樂演奏，有吃不完的麵包和魚。我們甚至預備了水變酒的攤位，我可能也會參與掉入水桶的闖關遊戲喔。當晚邀請最多朋友的人，還可以獲得免費神蹟一個。來吧，讓我們把這塊山坡都擠爆吧！」

耶穌沒有這麼說。祂竟在大家興奮期待的時候，告訴群眾，若要跟隨祂，就要愛祂勝過愛（希臘原文是恨）自己的家人，甚至勝過愛自己的生命。

搞什麼啊？

這是什麼話？一盆冷水不偏不倚澆下來。我相信就在那時刻，粉絲群已蠢蠢欲動，有人開始打包回家了。一開始還滿好玩的，但耶穌開的這些條件太不上道，他們不想買單。

有些人在解釋這段經文時，嘗試把耶穌說的這些話放寬尺度，把稜角磨平，使之柔和，易於接受。他們認爲，這番話的受眾不是一般人，而是少數特別被揀選代表耶穌的人。換句話說，耶穌講這段話的對象，是對著神學院的學生與全時間的神職人員。哦，那的確是個呼召，但不是對你。大家頓時都鬆了一口氣。但是，請注意，經文這裡提及「有極多的人」。當耶穌對著那群「極多的人」講話時，祂並未把受眾劃分成不同群組。事實上，這句「極多的人」，在原文的意思，純然指向「沒有特定指涉的一群人」；沒有特別針對某一組人。你注意到耶穌在第二十六節所使用的字眼嗎？耶穌說：「人到我這裡來……」，那是個含括一切對象的字眼。耶穌不是爲自己的十二個門徒設下門檻或條件，亦非在神學院開班授課，更不是對著一群牧師或宣教士演講。耶穌從不預備兩套講道內容，一套是在國際牧師聯誼大會上宣講，另一套則是對著山坡上的群眾開講。不，耶穌只有一個版本，祂對所有想要跟隨祂的人，發出同樣的挑戰。

現在，棘手的問題來了。跟隨耶穌，眞的得要「恨」自己的阿嬤嗎？❶顯然，「恨自己的家人」與耶穌在其他地方的教導是有出入的，看似相互矛盾。既然如此，耶穌何以使用如此強烈的字眼？或許，耶穌在此處刻意使用戲劇性的語言，爲要表明在某種文化與傳統的牽制下，倘若有人因爲跟隨耶穌而不受家人的祝福和接納，那麼，這樣的跟隨將被視爲「恨你的家人」。有時候爲了一個跟隨耶穌的決定，會讓人不得不背離家庭，漸行漸遠。有些人應該明白我的意思。

有一次，教會的聚會結束後，一名大學生跑來找我，眼眶含著淚，哽咽說道，自己已決定要把生命獻給耶穌，她甚至告訴我已準備好要受洗。聽聞她的決定，我難掩激動之情，我想她應該會在不久的將來受洗。我告訴她，我非常期待在她受洗時與她一同歡慶。想不到，她卻以急迫的語氣強調：「哦，不，你誤會我的意思了。我是說，我現在就要受洗。」

幾分鐘後，我們已經走到後台的水池邊，受洗程序就緒。這位大學生看來有些緊張，爲了安撫和鼓勵她，我問道：「外面有沒有你的家人或朋友等著要和你歡呼慶祝？」她說沒有，又補充一句：「我的父母並不接受這個決定。」她低著頭，深呼吸，趨前一步，全身浸入水中。粉絲才不來這套。粉絲不做會讓父母失望的事。如果他們與耶穌的關係威脅到與其他人的關係，粉絲會覺得耶穌的要求未免太多，難以遵守。

談到跟隨耶穌所需付出的代價，祂對群眾從不隱瞞，總是據實以告。祂讓他們知道，在一些情境下，跟隨耶穌可能會觸怒父母或祖父母，甚至可能被趕出家門，或被迫脫離關係。我曾經和一些人聊過，他們暫時無法跟隨耶穌的原因，是因爲不想傷害父母的感受。我聽過不只一位朋友告訴我，等他們的祖母離世後，他們就可以成爲基督徒了。他們決定要延後，因爲他們不想讓祖母失望。

或許，此刻你就在人群中，耶穌正對著你講。你知道你父親不會答應，他看你

❶亦即：祖母、奶奶、外婆、家祖母、咪嬤、姥姥、媽嬤……等等。

一眼，轉動著眼珠子，嘴裡嘟噥著要你別扯太遠了。你的手足可能對你的決定不明所以，進而慢慢疏遠你。你的男朋友或女朋友可能因爲道不同而嚷著要和你分手。你甚至聽到朋友在背後不屑地嗤笑你信教。你的丈夫可能逮到機會取笑你，你的妻子也可能對你大肆批評。耶穌說，「是的，沒錯，這些都可能是代價的一部分。如果你不願選擇愛我勝過你的家庭，那意味著你尚未預備好要跟隨，或許，該是時候打道回府了。」

這段經文所使用的「恨」，希臘原文的意思是「極度厭惡」或是「懷有敵意」的感覺。當然，耶穌不是要我們去「恨惡」自己的家人，那與貫穿整本《聖經》的主旨是相違背的，耶穌不是這個意思。耶穌不止一次強調，其中一個最大的誡命就是：「愛鄰舍如同自己。」我們的家人無疑是我們最親密的鄰舍。讓我們來看看同一段經文在另一個《新普及》譯本的翻譯：

「如果你們要做我的門徒，相對來說，你們就要恨其他人——你們的父

母，妻兒，兄弟姐妹……」（〈路加福音〉14：26）

《新普及》譯本用「恨」這個字，而《現代中文》譯本則用「愛我勝過」作爲陳述的字眼。耶穌當下對著群眾提出成爲跟隨者的條件時，最貼近祂所說的意思，其實是這兩種譯本的結合。耶穌最可能傳達的原意是「愛我勝過」的概念，但「恨」也是準確的敘述，因爲這個字確切地表述我們愛耶穌的程度。想像你內心有兩種愛在較量競爭，看何者領先。耶穌、你的伴侶、你的孩子、親密好友和父母雙親，都各就各位，站在起跑線上。耶穌不是要在這場競賽中爭第一，祂所要描繪的圖畫是，跑道上沒有別人，只有祂一人。耶穌不但要「成爲你生命中的第一」，祂的意思顯然是：「我根本不覺得有設定第二名的必要。」耶穌不應被置於「愛誰比較多」的爭奪戰中，因爲無從比較。粉絲總是想辦法視耶穌爲眾多選項之一，有些粉絲甚至讓耶穌遙遙領先其他競選者。但是當耶穌親自定義跟隨的關係時，祂的立場再清楚不過：祂要成爲你的唯一。

你是「耶穌粉」嗎？

Q3 耶穌是你眾多選項之一？或祂是你的唯一？

讓我們來回顧與練習在第一章提及的D.T.R.，邀請你展開與某位特殊人物定義關係的對話。假設你已婚，以終生伴侶來進行這個假設或許比較適切。想像你要為這段關係設下一個彼此願意忠心守護的標準與程度時，你會清楚表態，因為你準備要全心投入。你會說：「我全心獻上，我所求的是一生與你相守相伴。」現在，想像你最愛的伴侶如此回應你：「我也深愛你。我願意一輩子和你一起生活。只不過我有個條件，我想要同時和其他人約會。」

這是粉絲最可能對耶穌說的話。粉絲說，我愛你，我願意對你全心獻上，但可不可以不要那麼排他？或者想像另一個狀況：你終於和女友完成定義彼此關係的談話，你開始把女友的照片放在隨身攜帶的皮夾裡。當她打開你的皮夾，一眼瞥見自己的照片在最醒目的夾層，感覺心花怒放。但想像如果照片背後另外還放了三、四張歷屆前女友的照片，這下可不妙了。對女友而言，成為照片的第一張是不夠的，她一定堅持要成為你的「唯一」。耶穌一再清楚表明，祂不想分享你的多情，跟隨祂的條件，是你的全心全意。

我想設定一些題目來幫助你釐清，看看耶穌是你的眾多之一或是唯一。這些提問不是修飾性的問句，請你費些心思和時間來回答。麻煩拿一支筆，在問題下方的空白處寫下你的答案。你的答案將有助於釐清耶穌在你心目中的地位。

1. 你如何使用金錢？

《聖經》說：「你的財寶在哪裡，你的心也在那裡。」你使用時間與金錢的態度，反映出你內心深處最真實的想望，以及你真正追隨的目標。仔細檢視耶穌的講道，發現祂多次論及有關錢財的主題，那是因為財寶很容易取代耶穌的地位。最終，我們開始跟隨金錢，以及所有金錢買得到的東西，而非耶穌。

我們耗費許多時間與金錢在一些令我們獲得滿足的事情或東西上。有些人以品牌為他們的滿足，手握充裕的錢財，你大可隨心所欲地網購或走進店裡買下貨架上的物品。但耶穌想要成為我們的滿足。祂形容自己為「活水」，可以永遠解決我們心中的飢渴。金錢成了上帝（天主）的替代物，金錢應允為我們做許多原只有上帝能為我們做的事。

在〈馬太福音〉（瑪竇福音）第六章二十四節，耶穌這麼說：「一個人不能事奉兩個主；不是惡這個，愛那個，就是重這個，輕那個。你們不能又事奉神，又事奉財利。」你不能同時跟隨金錢與耶穌。追隨財富的路徑將導向截然不同的方向，你終究要做選擇。

身為牧師，過去這幾年，我曾接受一些不同的理財諮詢，我觀察到一些粉絲在處理財富議題時，有些共同的心態。一名粉絲豪邁地問道：「我還可以如何投資在我的房子上？」但是當被問及奉獻金錢時，他們會謹慎地問道：「上帝要我給的百分比，是以我的淨收入或總收入來計算呢？」換句話說，「我能不能再多花些錢在房子上？我能不能少花些錢在上帝的事上？」你使用金錢的心態，擺明了你價值觀的優先順序。

多年前，我和妻子曾一同研擬一些生活中的目標，我們希望透過討論達成共識——確認每一個月所簽出最大筆的支票金額，是為了和上帝有關的工作。我們檢視家裡的收入與支出狀況，找出該如何調整生活與消費的習慣，好讓我們給上帝的奉獻金額，要比我們支付房貸的金額更高。我們想要確認，我們家的財務狀況可以反映出我們重視跟隨耶穌，勝過其他方面的追求。你的銀行帳户和財務支配，可以充分證明你是粉絲或跟隨者。

2. 當你受傷時，你往哪裡尋找慰藉？

當你嘗盡人生苦楚時，你從哪裡尋求安慰？有些人或許轉向父母或配偶，也有人可能轉向冰箱，難怪這些藏在冰箱的冷藏食品被稱為「慰藉品」。❷你會因此而埋首工作嗎？這些反應和事物都將成為耶穌的潛在競爭者，讓你忘了向耶穌傾吐心意。當然，從家人與摯友身上得著安慰並非不好，那些關係都是上帝美好的安排。但更根本的問題是：「他們是否已取代了耶穌？」

走過生命低潮或歷經痛苦時，你下意識轉向的人或物，正好反映你追隨的意念。當我們面對苦難時，我們尋求的不是耶穌，反而是任何他者或事物的慰藉時，我們對耶穌的愛和跟隨的決心已然被劃分與切割了。

想像一下，有位媽媽到兒子就讀的幼稚園，發現兒子不但喜歡新來的老師，而且不斷提起她，令媽媽有些吃味。下課休息時，媽媽站在老師身邊，討論起兒子的學習狀況。兒子在遊樂設施的「猴子柱子」間攀爬，不小心摔了下來。兒子跌坐在地上，嚎啕大哭，隨即爬起來跑向兩位大人。兒子雖然喜歡老師，但此時此刻，你覺得孩子會本能地跑向誰呢？老師或媽媽？他不需要駐足思索，他會不假思索地

❷我找到一款冷凍披薩，其美味程度直逼奧利奧（Oreo）巧克力餅乾，一口咬下去，猶如母親溫暖的擁抱般，撫慰人心。

衝向媽媽的懷抱。他所承受的疼痛，開啓了一個真情流露的機會，令人一眼就認出他的情感歸屬。

你最近一次倍覺痛苦與憂傷是什麼時候？失業？結束一段關係？考試成績不如預期？當你感覺烏雲罩頂時，你轉向何處尋求幫助？你的答案將反映你心中真正所愛為何。

3. 什麼事最常讓你倍感失望或挫折？

如果我們經常感覺被某種深切的失望感圍繞，極有可能是我們已過度重視某件事物，或許那是失去了一份工作，或輸了一場球賽。當我們發現那些外在的事物似乎有股力量可以左右我們的情緒，或甚至影響我們對自己的觀感，那便已足以證明，這些事已然超越它們該有的份量與影響力。當然，適度的挫折與失望在所難免，但是當你覺察自己常處於過度挫折與失望的負面情緒中，或許你已不知不覺把原該保留給耶穌基督的位子讓出來，被負面情緒喧賓奪主了。

想像一個小孩，滿心期待和爸爸一起去釣魚。耐心垂釣一段時間以後，魚餌卻動也不動，什麼也釣不到。時間一分一秒地過去，爸爸越是急切，失望與挫折越是加劇。返家途中，爸爸一語不發，卻難掩一臉的沮喪。對這位父親而言，這一天最重要而有意思的，難道不是陪伴兒子、享受父子獨處的美好時刻嗎？怎麼到頭來卻為了次要的漁獲而遺憾失落呢？

你看到了嗎？過度的失望與持續性的挫折感，反映的其實是我們內心深處最真實的情感傾向。你可能需要一些人來幫助你更客觀地回答這些問題。問問你的好朋友或家人，什麼事經常讓你感覺沮喪挫折？如果你聽到的答案是房子沒整理、球隊表現不理想、股市下跌等等，顯然，有些東西已經失衡了。

4.什麼事會讓你異常興奮？

前陣子，我在家裡觀賞電視上一支大學球隊的足球賽。十二歲的女兒走進來，看著我說：「我從來沒見過你這麼興奮！」她曾見過我為新會友施行洗禮儀式，她曾見過我迎接她剛出生的弟弟，她也曾見過我帶她外出獨享「父女約會」的時刻，但是，天啊，她竟然說，她從來不知道原來爸爸在觀賞一支電視上的大學足球賽時，會表現得如此激動與興奮！

一如那些使我們萬般沮喪與失望的事會牽制我們的情感，那些令我們興奮莫名的人與事，也會悄然反客為主，成為耶穌的競爭對象。想想看，那些事是不是運動、設計、音樂、工作或你的外表？這些事並沒什麼是非對錯，且都是好的，只不過它們都有潛力成為你心目中的情婦，不知不覺就把上帝從你心中最重要的位子奪去了。

若要跟隨祂，就全心全意跟隨

跟隨耶穌，意味著唯祂獨尊。粉絲不會想要讓耶穌穩坐在心中的寶座上。他們爲自己保留一個沙發，頂多就是給耶穌一個墊子。粉絲要求耶穌共享空間，但耶穌對群眾清楚表明，祂不想和其他事物分享你。

或者這麼說吧，耶穌不想和其他的愛人分享你。這樣的類比聽起來有些誇張或不合宜，但卻非常符合《聖經》對上帝的形容與描繪。先知以西結（厄則克耳）曾說，當我們把自己最深切的情感、眼光和忠貞，同時獻予上帝和任何他者時，那就像一場外遇。〈以西結書〉（厄則克耳）第十六章，上帝對一群向假神敬拜的百姓如是說：

「你把禮物送給你的愛人……」

你們當中或許曾經歷不忠的傷害。你警覺那位曾經與你立下婚約的伴侶竟背叛了你，與他人共枕。你的伴侶與別人分享了最親密的關係。如果你曾爲此飽受痛苦與傷害，那麼你應該可以想像那種極其難忍的感受。當上帝成爲你的眾多之一、而非你的唯一時，祂自我描繪與認同的形象是——一個遭受背叛的愛人。

因此，在〈路加福音〉第十四章，耶穌對這一大群人耳提面命：若要跟隨祂，就單單跟隨祂。祂不跟這些人與事分享我們——金錢、職場，甚至家人。當你讀到這裡，或許你會開始嘀咕，這位上帝占有慾和嫉妒心未免太強了。請你先了解這點：當耶穌指明祂不想與他者分享你的情感與忠誠時，祂的意思不只是要你如何專注愛祂，而是，祂要專注地愛你。

這麼說吧，這純粹是假設議題：假設有一天你走進一家餐廳，赫然撞見我跟妻子以外的女性朋友面對面共享燭光晚餐。你走向前來，當面質問我：「這女人是誰？你到底在做什麼？」

我回答你：「哦，別大驚小怪。今晚是我和這位美麗小姐約會的時間。別擔心，我妻子知道她在我心中永遠是第一。」你聽完，憤怒而不屑地轉身離開。你決定要讓這件事公諸於世，於是你毅然決然地拿起電話，把事情的始末完整地告訴我妻子。

當我約會結束回到家時，你猜我的妻子會如何反應？想像她在門口迎接我，對我說：「親愛的，今晚的約會開心嗎？」然後她靠過來親吻我，說：「只要你視我爲你心目中最重要的人，我其實不介意你跟別的女人約會。」

可能嗎？不，這種事不可能發生！就在我約會返家那一刻，我就開始膽戰心驚了。如果我連和一位長得比較女性化的男性友人在麥當勞都差點因此惹禍上身，更何況跟女人約會！❸原因很簡單，因爲她愛我。她拒絕與別人共享自己的丈夫，並非她獨占性強或缺乏安全感，而是出於她堅定的愛。

耶穌亦然。祂一次又一次地強調：若要跟隨祂，就要把祂視爲你的唯一。你是如此確定與堅定，以致相對於其他人事物，你是「恨惡」的。

我很好奇，不曉得耶穌身邊的門徒們，聽到〈路加福音〉第十四章那些措辭強烈的聲明時，心中做何感想、有何反應。也許他們會對耶穌這樣的教導感到不安。

哪壺不開提那壺，簡直大煞風景！講一篇以「恨你娘」爲主題的演講，怎麼可能留得住觀眾呢？那完全犯了討好群眾的大忌。每每聽到耶穌又講這類不討喜的內容，也許門徒們嘖有煩言，心想，這下子大夥兒的影響力又被削弱了。

或許，另一種可能性是，門徒其實不管那麼多，反正他們已經放棄一切來跟隨耶穌了，他們或許已漸漸明白，唯有那樣，才能眞正心無旁騖地跟隨主。想要三心兩意或當個兼職的跟隨者，是不可能的。祂渴望與你建立的關係，需要你以全心全意來回應。而粉絲們應該知道，祂的條件是無法妥協的。所以當你信誓旦旦地宣告「我要成爲跟隨者」之前，請你確定那背後的代價。

耶穌對著群眾繼續講論。在〈路加福音〉第十四章的後續，祂進一步解釋爲何要使用如此直接而堅決的方式來陳述：

---

❸這部分是非虛構的真實故事。我真的曾和一位長相秀氣的男性友人外出用餐，我的妻子為此而質問我。這位男性友人名叫布蕾爾（Blair），連名字都如此女性化，實在無助於消弭這場誤會。

耶穌從不收回自己的強烈措辭，
祂也從不含糊其辭或模稜兩可，
因為祂要確保每一個人在做決定之前，
都清楚知道自己的代價為何。

「你們哪一個要蓋一座樓，不先坐下算計花費，能蓋成不能呢？恐怕安了地基，不能成功，看見的人都笑話他，說：『這個人開了工，卻不能完工。』」（〈路加福音〉14：28～30）

耶穌從不收回自己的強烈措辭，祂也從不含糊其辭或模稜兩可，因爲祂要確保每一個人在做決定之前，都清楚知道自己的代價爲何。

粉絲們很容易對那些悅耳動聽、輕鬆討喜的信息有所回應。那就像一名簽約買下新房子的買主，原以爲不必付頭期款、只需付一年利息就可輕鬆入住，可是當耶穌把條件一一攤開，才驚覺事態嚴重。這不是耶穌教導的附屬條件，而是最重要的主旨。

約翰．奧洛斯（John Oros）是共產時期在羅馬尼亞的一位教會領袖。當他在「門諾會聯合聖經神學院」講課時，曾經進行類似的宣講：

「共產主義時期，我們都這樣宣講……聚會結束後，人群踴躍走來台前，他們說：『我已經決定要成爲基督徒。』我們告訴這些決志的人：『成爲基督徒當然好，但是我得先讓你知道，當基督徒是要付出代價的。不然這樣吧，你再重新考慮你的決定，因爲恐怕未來有許多難以預料的事會發生。你可能會失去很多，甚至得面臨很大的虧損。』」

奧洛斯說，大多數人會選擇參加一個爲期三個月的課程，讓他們更清楚明白自己的選擇爲何。他進一步說：

「課程結束後，許多人表明要接受洗禮。我總是如此回應他們：『決定成爲基督徒是非常好的一件事，但當你做見證時，告密者馬上就記下你的名字。明天開始，問題就會接踵而來了。請計算一下那些代價。

基督信仰是不容易的，一點也不廉價，而且很昂貴。你會被降級，你會失去工作，你會失去朋友，你會失去鄰舍，你會失去孩子，你甚至可能會失去你的性命。』」

他希望這些跟隨者重新思量與評估，重新認清跟隨耶穌對他們而言是不是無比重要，若然，則即便失去一切也在所不惜。

這跟我們在教會聽牧師講道和呼召時的反應，是迥然相異的。一般講道結束前，牧師會說類似的話：「我要每一個人低頭、閤眼。如果你想成爲基督徒，請輕輕舉起你的手……我看到了，我看到了……」但耶穌不是這樣，祂要你睜開眼睛想清楚，計算一下代價。

如果跟隨耶穌意味著你必須付出所有代價，你覺得值得嗎？

非粉絲小見證

戴薇的生命故事

我在北卡羅萊納長大，雖然我相信上帝，但我與耶穌似乎不太熟，我不曾與祂建立任何關係。身爲醫學院的學生，我理所當然地熱衷於自己的醫療相關領域，並開始設定目標，要盡快成爲一名合格醫生。二〇〇〇年，當我汲汲營營地朝外科醫生的方向努力之際，支撐我的整個世界，倏忽崩塌碎裂。我的丈夫要跟我離婚，兩天後，我的母親自殺了。隔年，我開始步入雙重人格的黑白人生。上班時，我是個住院醫師；下班後，我以酒精麻醉自己，逐步走向慢性自殺的毀滅之路。我無力又無助，不知該從何尋求協助。我唯一清醒的一件事是，我知道自己無法再獨自承受如此不堪的生命重負。在我成長過程中，我只是偶爾參加過教會聚會，但此時此刻，我竟然發現自己開始禱告。我說：「上帝啊，如果你在這裡，請把我身上這些難以承受的重擔，拿掉一些。」我覺得自己已經一無所有、什麼都沒了，只剩下上帝。只是，我並不確定這樣夠不夠。

完成住院醫師的訓練後，我再婚了。我和先生一起搬到肯塔基州的路易維他爾一帶，在那裡開業當外科醫師。一些朋友邀請我們到教會，我們欣然接受。固定每週參加教會聚會以後，我發現自己禱告得越來越頻繁。我甚至開始尋求，是不是該毫無保留地把一切全然獻給上帝。

當我為此禱告五天以後，凱爾牧師（本書作者）挑戰我們，願不願意把所有一切獻給耶穌，並跟隨祂。隔週，我便受洗了。要回應這樣的禱告是不自在的，但那卻是個清清楚楚的記號，是上帝呼召我要順服的記號。

坦白說，過去我並不期待往後的生命會有任何大不同，每每聽聞別人談及「重生」或「得救」，其實我根本毫無頭緒，不知所云。我想，那或許不是我們可以輕易言談或討論的，但是當你自己親身經歷、走過一遭以後，就了然於心了。當我把自己交付給耶穌基督以後，我經歷了破碎生命被醫治的奇妙過程。我相信，唯有那位「最偉大的醫生」，才得以纏裹我這位外科醫生的傷口。而祂確實做到了。

我的名字是戴薇，我不是粉絲。

第5章

脫下偽善的面具，獻上真心實意：跟隨條規v.s.跟隨耶穌

〈馬太福音〉（瑪竇福音）第二十三章

你還記得奧運會選手馬特·埃蒙斯（Matt Emmons）的故事嗎？他曾經在二○○四年的奧運會中，與金牌緣慳分淺。他在五十米步槍三姿的射擊賽中，信心滿滿，只要在最後一槍射中標靶，他便可輕鬆拿下金牌。以他一般的表現水準，他的平均射擊分數是八點一，要取得金牌是綽綽有餘的。準備最後一擊時，穩操勝券的埃蒙斯，竟犯下「資深選手幾乎不可能犯下的錯誤」，他瞄錯了目標。埃蒙斯站在第二條線，卻射向第三條線的靶心上。他的射擊幾乎無懈可擊，但因射錯位置，所以，得分：零。金牌在望的埃蒙斯，最終落後排名第八。

恰如許多粉絲所面對的情境，當他們被問及：「你是粉絲或跟隨者？」他們通

常會斬釘截鐵地回覆：「跟隨者。」當他們如此回答時，無關乎他們的意願或努力，他們其實跟隨得認眞而用心。但問題在於，他們跟錯了對象；他們跟隨的，不是耶穌。在不知不覺間，他們瞄錯標靶，對焦錯誤。他們跟隨的是一些宗教條規與儀式，而非耶穌。他們的目標失焦了。

在〈馬太福音〉第二十三章，耶穌嘗試要吸引一群宗教領袖的注意。若要在耶穌的時代界定誰是粉絲、誰是跟隨者，這些宗教領袖肯定會速速劃清界線，表明他們是跟隨者。這群人掌握了《舊約聖經》的一切知識，也被視爲精通神學的專家。在遵守宗教條規（《聖經》裡稱之爲律法）這件事上，他們表現優異，且嚴格奉行，但那其實不是耶穌最在意的部分。遵守條規讓他們把目光聚焦在表面與形式上，而耶穌在乎的卻是他們更本質與內在的生命狀態。然而，一如許多粉絲的生命狀態，這些宗教領袖的敬虔外表，往往與他們眞實的內在相去甚遠、互相背離。在這段經文裡，耶穌直接面對這群宗教領袖，語重心長地傳講祂在世的其中最後一篇講章；祂毫無保留地直探核心。明白地說，如果你以爲耶穌像慈眉善目的開心果，總是面帶笑容、擠眉弄眼、身穿可愛背心、到處散播歡樂，那麼，恐怕你會被耶穌接下來的語氣嚇一跳。我們即將探究的主題，不是「你可以當我的鄰居嗎？」這類溫和的題目，而是傳統上被命名爲「七禍」的主旨。

這裡的「禍」（woe），原文的英文字爲擬聲語❶，其字義與音譯是相互結合、互相含括的。這字帶有哀傷的情感訴求與詛咒的意思，亦即，哀傷遺憾中的詛咒。在這篇講道裡，耶穌七次提及：「……有禍了！」❷每一「禍」都帶出尖銳的指責。耶穌不是提出警告，亦非提醒，更不是擔任這群宗教領袖的諮商顧問或輔導。耶穌毫不留情地嚴厲指責他們的不是。祂極不願看見他們混淆了追隨的目標，跟錯了對象，因爲跟隨宗教律法與跟隨耶穌，是截然不同的兩回事。今天，許多粉絲把遵守宗教習俗與規則奉爲圭臬；而面對一群徹頭徹尾的道德主義者，耶穌的這一番話，恰好是給這些自認爲跟隨者的粉絲們一記當頭棒喝。

歡迎光臨粉絲俱樂部

耶穌在〈馬太福音〉第二十三章所面對的這群宗教領袖，是一個由七十二名猶太教師所組成的「猶太公會」。這個公會又分成兩大派系，一個是撒都該人（撒杜塞人）的組合，另一個是法利賽人的團體。這兩大派別立場迥異，互不往來。論及經文的詮釋時，撒都該人很前衛，而法利賽人則相對保守。撒都該人在公會裡的位階是祭司長（司祭長）與長老。如果你生於撒都該家庭，這個職分是可以代代相傳的，不過，當然還包括其他的要求與條件，但生爲撒都該人是最基本的條件。另外，要成爲法利賽人則與血統無關，只要你夠勤奮努力，即可勝任。成爲法利賽人

❶其他還有一些類似的擬聲語，恐怕也難以成為講道的題目，例如：嗡嗡、嘟嘟、滴答、嗶啵、嘶嘶、咻咻、嘖嘖、嗖嗖、噗通。

❷很不幸的，每一次當我使用這個字「woe」時，我都得向演員喬伊．勞倫斯（Joey Lawrance）致敬。勞倫斯在讓他一夜成名的影集《花開》（*Blossom*）裡，飾演一個開口閉口都「唔」（woe）個不停的男孩。

> 你的信仰是建基於對家族傳統的尊重，
> 而非源於你心甘情願的追求。

需要接受大量經典書卷的閱讀，以及異常嚴謹的神學訓練。我觀察到許多粉絲的狀況，可以從這兩組的認同中，找到相似的蛛絲馬跡。

有些粉絲像極了撒都該人。他們的信仰是家族的遺傳，一切只因爲出生自基督教家庭，這份信仰從來不是他們出於自發性的選擇。或許打從你一出生，你的父母就把一副面具交給你，然後你戴著這副面具，開始讓自己長得像個基督徒，說話像基督徒，聽的音樂也高度「基督化」，但你就是從來不曾眞正打從心底裡愛上耶穌。你的信仰是建基於對家族傳統的尊重，而非源於你心甘情願的追求。

另外一些粉絲則是像極了法利賽人。他們以勤於學習有關信仰的知識，以及一些規矩的遵守，來作爲衡量自己信仰的準則。知性與神學的追求，加上行爲舉止的完美無瑕，是他們最在意的模範行爲。即便他們說得頭頭是道，做得無懈可擊，但那往往與他們內在的生命狀態背道而馳。你的所言所行或許正確合宜，但對耶穌來說，那還不夠。祂要的，是由裡到外，全部的你。

某日，我在一家百貨商店的走廊上等人，忽然，眼前一本《人物》雜誌引起了我的注意。封面人物是世界級的職業網球選手安卓．阿格西（Andre Agassi）的照片。阿格西在網球世界叱吒風雲，是全世界排名數一數二的頂尖球手。阿格西十六歲時嶄露頭角，在他二十年的網球生涯中，曾贏得八座大滿貫賽冠軍。封面標題斗大的字：我的私生活。我拿起來，開始翻閱。那篇文章是摘錄自他新出版的自傳《公開》（*Open*）。原來，這位網球巨星一點也不愛網球！他說自己從來不曾喜歡過網球，事實上，從他開始接觸網球乃至整個網球生涯，他一直很痛恨網球。他寫道：「在我出生以前，我的父親已自行替我決定一切，他決定要我成爲世界第一的網球選手。」文中，他敘述自己七歲開始接受訓練：「我覺得自己的手臂就快斷了。我忍痛喊道：『還要多久啊？』沒有答案。我靈機一動，想了個辦法。機會來了，我接了球，故意用球拍的外框把球打高，打成了壞球，球飛到籬笆外圍。我聽到父親咒罵了一聲，悻悻然跑出去撿球。計謀得逞。現在我至少有四分鐘又三十秒的時間可以好好喘口氣。」我覺得阿格西這篇文章最引人深省的一句話是：「我所過的這一生，從來就不是我所選擇的人生。」從他一切外在的風光表象，你絕對猜不到他內心世界的實況。阿格西耗盡多少時間與生命來練球？他身經百戰，獲獎無數，他對自己所做的一切，是如此認眞投入而表現傑出。但原來他一直戴著面具，因爲那壓根不是他的選擇，從來就不是。他打網球，打得極好，但他根本不愛它。

這是許多粉絲的眞實寫照。你看起來眞的很不錯，知所進退，該說與不該說的言談舉止都掌握得恰如其分。只要有人請你帶領禱告或唱首詩歌，你不會推辭，也勝任有餘，只不過你從來不會主動選擇要那麼做。偶爾參與教會活動，你也會使出渾身解數，表現卓越；但那不過是表演，而非發自內心深處的感動。

你是「耶穌粉」嗎？

Q4 你在乎表面更勝於內在嗎？

面對這群德高望重的宗教領袖，最棘手的問題不外乎他們的「僞善」。這不是我的臆測，這正是耶穌對他們的稱呼——假冒為善的人。耶穌當著他們的面，一次又一次指責他們偽善，共說了八次。「偽善」(hypocrites) 這個字的希臘原文，出自早期的經典劇院。當時的希臘演員被稱為「偽善者」。演出時，演員一人分飾多角，他們戴著不同面具來扮演不同角色。想像一下我們的八點檔連續劇搬到希臘的劇院演出，所有角色其實只由一人戴著不同面具上場，男主角、女主角，甚至不同配角，都以不同面具呈現，但你永遠看不到那位演員的真實面貌。這位演員永遠躲在不同的面具背後。粉絲吸引別人目光的，往往也是那些表象與外在的面具。人們眼所見的，不是真實的你。耶穌在第五節這麼說道：

「他們一切所做的事，都是要叫人看見。」

身為偽善者的過來人，我可以坦白告訴你，有些粉絲在飾演跟隨者的角色上，其演技之精湛、情感之逼真，簡直無懈可擊，讓你幾乎無法辨其真偽，可以問鼎奧斯卡最佳演員獎了！當耶穌開始宣講這段記載在〈馬太福音〉第二十三章的內容時，祂刻意向眾人講述有關宗教領袖的種種，因為耶穌知道這些人就在人群中。祂說：

「那時，耶穌對眾人和門徒講論，說：『文士（經師）和法利賽人坐在摩西（梅瑟）的位上，凡他們所吩咐你們的，你們都要謹守遵行。』」（1－3a）

我不確定耶穌說到這裡時，是不是有稍微停頓一下。在座的法利賽人可能開始暗自思忖：「嗯，這才像話嘛！這傢伙終究還是識時務地站在我們這邊了。不錯，還當眾承認我們的權威哦。」沒料到，更精采的在後頭，原來耶穌還有下文：

「但不要效法他們的行為，因為他們能說不能行。」（3b）

耶穌直指這群領袖的本質性問題：他們的所教所言，與他們的所行所是，兩者之間，嚴重失調與背離。

對耶穌而言，這類披著假敬虔外貌的粉絲，是最難面對的。粉絲走進餐館用餐時，會低頭禱告，因為知道有人在看他們。粉絲不踏入播映限制級的電影院，但會把這些影片存在自己的電腦裡。粉絲以慈善家形象幫助弱勢，但會確保未來兩週內不斷以此善舉為他談話聊天的主題，唯恐天下不知。粉絲會確定大家看到他把錢投入奉獻箱，但他們不會去關心失業已久的鄰居有沒有錢支付帳單。粉絲喜歡看到別人狼狽失敗，因為那會突顯自己的優雅剛強。粉絲對孩子的養育，是

耶穌從不期待跟隨祂的人要完美無瑕，
祂所求的不過是真實、真心而已。

以別人的眼光為考量。粉絲在讀到這段文字時，會以為我說的是別人而不是自己。粉絲臉上的面具戴得太久了，久得已經分不清哪個是面具、哪個是真我的面貌。

耶穌對那些想用宗教行為來影響別人的粉絲，總是不客氣地嚴加批判。有趣的是，相對於耶穌對宗教領袖的嚴厲責備，祂卻以極大的溫柔耐心，鼓勵另一群願意真心誠意跟隨的人，縱使這些凡夫俗子的外在條件一點也不顯赫醒目。請記得：耶穌從不期待跟隨祂的人要完美無瑕，祂所求的不過是真實、真心而已。

每一週，我都會找個時間和初來教會的新朋友見面、談話。每一次見面，總有至少兩位到二十位新朋友圍坐在一起，他們會輪流分享自己的生命故事，聽完後，我會一一為他們禱告。我發現這群朋友大致可分為兩種典型的類別。其中一組人，他們其實對教會生活和上帝（天主）都不陌生，也對許多條規的了解甚深。他們知道什麼可說、如何說，而哪些話題則點到為止、或直接跳過即可。他們已經學會戴上面具。

另一組人則是剛認識耶穌基督、初到教會的朋友，他們還不懂得所有潛規則。當他們聊起自己的故事時，他們會提及自己失敗的婚姻，以及他們如何劈腿不忠。他們不知道如何美化粉飾自己的故事。這些朋友的開場白通常是這樣的：「我已經沉浸在酒精世界裡一段時間了。」短則數天，長則數年之久。這些生命經歷，如此乏善可陳。我聽過有前科的人談及他們的罪行；也聽過無數男人坦承他們翻閱色情書刊，女人說她們如何刷爆信用卡以致債臺高築。父母者，則談論他們如何面臨子女教養的掙扎與不易。許多夫妻不避諱談起自己岌岌可危的婚姻關係。他們會說自己的厭食症問題，戒不掉的賭性與毒癮。他們就是不知道還能說什麼更好的。我希望不要有人上來告訴他們該如何偽裝，好讓自己看起來較體面。這群人不戴面具，你看到的都是真面目。多麼美好的畫面。

這便是耶穌基督所求於跟隨者的——不以虛假的外在表象自居。那其實就是「偽善」這詞彙的其中一個解釋：矯飾、偽裝。身為四個孩子的父親，我們經常在家裡玩各樣偽裝與角色扮演的遊戲。前面三個孩子是女兒，你可以想像家裡地下室有各式亮眼可愛的女生戲服，公主裝、啦啦隊服、仙女裝等等。當小兒子出生時，身為少數分子的他，選項不多。我很能認同兒子的感受，因為我也是排行在兩個姊姊之後、家裡唯一的男生。我至今仍忘不了兩位姊姊在玩家家酒時替我男扮女裝的記憶❸，因此，我絕不讓自己的兒子像我那樣受委屈。在我有生之年，絕不讓同樣的事發生在他身上。所以，我趁著去年萬聖節後的清倉拍賣中，大肆採購了好幾種不同的男生妝扮和奇裝異服給兒子，包括蜘蛛人和超人。❹我並未就此罷手，我繼續把變形金剛、無敵浩克一一買齊。我跟自己說，只要我還活著，就得替兒子把該有的戲服都盡可能蒐購齊全。當我終於離開那家店時，總共累積了九件戰利品。從此，我兒子愛死了妝扮遊戲。我不知道我們是不是都在妝扮遊戲中漸漸長大的，但在成長過程中，曾幾何時，這兒戲已進階為成人版本，我們比過去更熱衷於假扮遊戲，或者更具體地說，更投入於宗教假扮遊戲中。孩童時期玩妝扮遊戲無可厚非，但耶穌所責備的這群宗教領袖卻是專業的妝扮者。

同一段經文的第二十七、二十八節，耶穌繼續說道：

「你們這假冒為善的文士和法利賽人有禍了！因為你們好像粉飾的墳墓，外面好看，裡面卻裝滿了死人的骨頭和一切的汙穢。你們

❸那無疑是一段暴力倒敘的記憶。

❹如今回想起來，我必須承認，一身紅色緊身衣配藍色泳褲的「超人」在屋內橫衝直撞，或許真的比公主妝扮來得較具毀滅性。

也是如此，在人前，外面顯出公義來，裡面卻裝滿了假善和不法的事……」

對粉絲的信仰狀態而言，那實在是最恰當的形容。他們內在的信仰實況已逐漸冷淡、枯萎，但卻刻意維持表面的光鮮亮麗。你記得多年前一部藥妝店的廣告嗎？一家藥妝店要賣一款C型肝炎的藥物，廣告的訴求與重點是，C肝是沉默型病症，發病初期，你無法從身體外觀發現任何異狀，但它會蠶食鯨吞你的內在，由裡而外。在廣告中，我們可以看見一個人的面容如何漸漸失去光澤、暗沉變醜。廣告最後，出現這段話：「如果C肝攻擊你的臉而非你的肝，你一定會想辦法採取行動吧？」如果你也能看見你的內在狀況，而非人人可見的外在，我很好奇，你會不會想辦法做些什麼？這就是耶穌致力要做的事。祂努力要讓大家把目光與焦點，從表象轉移到我們的內在。

選擇條規，放棄關係

耶穌沉重地指出了一些表象如何影響內在的狀況。第一段話記載在第十三節：

「你們這假冒為善的文士與法利賽人有禍了！因為你們正當人前，把天國的門關了，自己不進去，正要進去的人，你們也不容他們進去。」

他們設下嚴峻的門檻，攔阻人走向上帝。他們誤導人以爲上帝的恩典與救恩是要努力賺取才能獲得，不但要嚴守原有的律法與條規，還要奉行一堆自行添加的規矩。例如，上帝原是要求祂的子民「紀念安息日，守爲聖日」，那是上帝爲祂的子民設定的誡命，爲要讓他們在六日的勞碌之後，有一日可以好好休息，讓身心靈更新，重新尊榮上帝的主權。但這些宗教領袖卻在細微末節上加油添醋，把原該修身養性的安息日搞得筋疲力竭、動輒得咎。比方說，他們教導百姓，在安息日時可以

因為他們長期以來把條規等同於跟隨耶穌，
因此，捨本逐末的結果是，
把最寶貴的信仰也放棄了。

把東西丟到半空中，只要用另一隻手去接住物品就不算違法。這是耍雜技的起源嗎？❺安息日不能洗澡，若不小心水濺到地上也不能擦拭。還有，安息日不得移動椅子……，一條又一條荒腔走板的規範與守則。

耶穌對這群熱愛條規的模範生總是強烈譴責，因爲祂知道，當跟隨耶穌變調成跟隨條規時，人們最終必然兩者皆棄。

我從小就被送到基督教學校就讀。那是很不錯的學校，只是校規太多。男生髮長不得超過耳下，女生裙子不能太短；男生必須穿有領襯衫，女生則需嚴守飾品與化妝方面的條規。別誤會我的意思，這些校規沒什麼不妥；每一間學校或家庭，確實都需要一些規矩和指引來維持基本的秩序。但問題就在於，我身邊很多同學竟把這些校規的意義和用意，視爲基督徒的生活守則。長達好幾年的時間，這些同學經常指著身上的有領襯衫和短髮爲憑據，自認爲是基督徒。當他們年紀漸長，他們開始對這些條規感到厭煩不耐，但因爲他們長期以來把條規等同於跟隨耶穌，因此，捨本逐末的結果是，把最寶貴的信仰也放棄了。

當我們學習跟隨耶穌時，我們會發現，眞正對上帝的順服，是由內而外，先從內心出發。生活中對上帝主權的順從，是源於愛與關係的發動，而非外在條規的要求。那是不是意味著做與不做，其實不重要？不，最根本的問題應該先認清自己作爲耶穌跟隨者的身分，如此一來，做與不做，就以此身分和關係爲依據。

我記得結婚前夕，當我立下婚姻誓約說出「我願意」時，我知道自己要遵守婚約中的諸多約定，包括：

對她誠實忠心，直到死亡把我們分離。

提供她所需要的一切。

❺純屬玩笑，不是真的。雜技首先從古埃及被發掘，介於公元前一七九四年至一七八一年之間。丟擲雜技者通常在喪禮上表演雜技，而手中的多顆球則代表：出生、生命、死亡與來生。我想如果此類雜技能重新被引介到喪禮上表演，大家應該都會同意。

用我的生命保護她。
不管順境或逆境，都要堅定守諾。
但婚後，我很快就發現，真實生活中原來藏著許多我始料未及的規定與要求，但其來有自，例如：

保持衣櫥的整齊乾淨。
早上十點以前不得開她的玩笑。
隨時記得把馬桶座蓋放下。
老婆試穿兩件不同衣服時，雖然對我而言毫無差別，但仍要提供具體意見與回應。
一邊聽她講話，一邊觀賞體育頻道的行爲，無異於情感外遇。
背部不得長毛（這部分需要極大的自我覺察）。❻

如果我視這段關係是一堆需要遵守的約定與條規，那如此婚姻未免太可悲，而且我一定很快就會積怨成怒。我可能會趁她不察時，蓄意毀約或破壞規則。但眞實狀況是，我非常深愛我的妻子，因而這些要求與約定，在愛的親密關係裡，都轉化爲一股想取悅她的動力。於是，我常保持衣櫥的整潔，隨時記得把馬桶蓋放下，或其他不成文的要求，我都一一照辦，不但絲毫不覺勉強或麻煩，我甚至覺得頗有成就感。當內在的關係是對的，外在的一切就自然不會錯了。

選擇律法，放棄愛

這群宗教領袖不但把循規蹈矩看得比跟耶穌的關係更重要，還因爲過度堅持戒律而惡待上帝的子民：

---

❻「奈爾」（Nair）除毛膏，是毛髮濃密男人的好友。

「你們這瞎眼領路的有禍了！你們說：『凡指著殿起誓的，這算不得什麼；只是凡指著殿中金子起誓的，他就該遵守。』你們這無知的人哪，什麼是大的？是金子呢？還是叫金子成聖的殿呢？」（16～17）

耶穌繼續舉證歷歷，看他們如何利用與濫用那些條規和律法。當時，有些特定的誓約是具備法律約束力的，有些則沒有。於是，這些敬虔的粉絲們在聖殿內所起的誓約，因爲就律法條文而言其實無效，所以，他們從不以爲意，也不遵守所立的誓約。但是當他們對著聖殿內的金子起誓時，那些誓約就要被遵守。耶穌曾經在〈登山寶訓〉*中提及：「是就說是，不是就說不是。」設定律法的目的，是爲要建立互信的交易，互相尊重、誠實相待。但這些宗教領袖拘泥於宗教律法的字義，卻錯失了律法的靈魂與眞義。就技術層面而言，他們完美地遵照一切《舊約》經文的戒律，但實質上卻本末倒置，錯過重點。

那就像今天許多粉絲的狀況，他們費盡時間與精神來研究與追隨宗教條規和外在的禮儀，但卻吝於對身邊的人表達上帝的愛；諷刺的是，愛，才是一切誡命的核心與本質。不但這樣，他們還以上帝之名，濫用宗教條規與律法，對原已傷痕累累的人落井下石。當律法大於愛、條規大於關係時，那顯然是個警訊——我們已然成爲對焦錯誤的粉絲了。

我曾經看過一則故事，說到有個名叫約翰的人，穿著率性藍色牛仔褲，走進銀行打算完成一宗交易。銀行行員告訴他，負責相關業務的主管不在，他被告知隔天再去。約翰說好，然後請那位行員驗證他的停車卡並蓋章。行員告訴他，根據銀行的規定，她無法替他驗證停車卡，因爲就技術層面而言，約翰並未完成任何交易。約翰問行員能不能破例通融，因爲他本來就是要來進行交易的，只是負責的主管不在。那位行員不接受任何讓步，她說：「抱歉，那是我們銀行的政策，條規就是條

＊〈馬太福音〉第五至七章，通常被稱為〈登山寶訓〉，是耶穌基督登上一座山，對著為數眾多的群眾所發出的訓誡，其中最著名的「八福」，就記載在第五章一開頭。

規。」於是，約翰決定進行一筆交易。他決定終止銀行帳戶，把戶頭關掉。這位老兄姓艾克斯（Akers），約翰．艾克斯，前IBM執行長，而他終止的銀行帳戶餘額高達一百五十萬美元。他終於符合銀行的規定，完成了一宗眞正的交易，停車卡也終獲驗證蓋章。

這是極端守法主義的最佳例子。有一天，當我們的教會充滿了一群拘泥於條文規則卻不顧彼此關係的粉絲時，那是何等遺憾與可悲！根據條文規章，那位銀行行員沒有錯：既然沒有完成任何金錢交易，她不需要驗證停車卡或蓋章。但是，有一些東西遠比條文字義更重要：人。好幾次，那些法利賽人針對耶穌在安息日醫治病人的事，大加撻伐。爲什麼？因爲他們在乎安息日的遵守與否，更勝於受苦的人是否可以在安息日被耶穌醫好。教會需要有意識且恆常地與「制定條規與政策」的傾向相抗衡，尤其當這種傾向已凌駕於對人的關懷上；否則，我們便不再是耶穌的跟隨者了。

罪疚勝於恩典

當遵循條規逐漸成爲教會的重點政策時，你幾乎可以確定，罪疚感會逐步抬頭，成爲最主要的內在趨力。耶穌在這段經文一開始就指出，達不到標準的罪疚感，成了沉重的擔子，被宗教領袖強壓在眾人身上，設定一堆規矩細則，並大言不慚地宣稱那是與上帝建立關係的管道。耶穌在經文的第四節這麼警告法利賽人：

「他們把難擔的重擔捆起來，擱在人的肩上。」

跟隨規則而非跟隨耶穌的粉絲，通常被罪疚與自責壓得喘不過氣來。每一次來到教會，粉絲們總感覺講員又把另一個擔子加到他們肩膀上了。恐懼與罪疚的關鍵字是「做」。我們不斷地做，爲要彌補自己的過失，並從中賺取上帝的恩寵；我們爲自己開疆闢土。恩典的關鍵字則是「完成」。我們的刑罰已被耶穌基督一筆勾銷，祂在絕路中開一條出路，讓我們活得自由而滿懷感恩，感謝祂爲我們所做的一

為了保持與內在情感不一致的外在，
為了死守條規來試圖取悅上帝，
粉絲們偽裝得很辛苦、很倦怠。

切。粉絲高談「做什麼」，但跟隨者慶賀一切「已完成」。

當我還在基督教高中就讀時，郝凌斯沃先生是我的化學老師。他在我們高中最後一年時，做了些不尋常的事。他曾在課堂上讀了查爾斯．史丹利牧師所寫的一篇文章給我們聽，內容講述上帝的恩典。有一天，考試到了。他把考卷發下，我們知道那些題目都不易作答，因爲我們爲那場考試已經苦讀了好幾個月。開始作答之前，老師告訴我們：「在回答考題前，我要你們先把所有題目看過一遍。」細細瀏覽那些題目，慘了，我們心頭涼了半截，題目實在太難了。我們準備和練習得不夠。讀到複選題的最後一頁時，考卷底下印著這行字：「你可以努力作答，以獲得A；或者，你也可以只塡上姓名，便能自動取得A。」那眞是天底下最容易的選擇啊！我即刻塡上姓名，離座，交卷。感謝史丹利牧師的恩典論，拯救了我的化學成績。但我們班上有個女生，她是學校生物老師的女兒，聰明又勤奮。她花了很多時間奮力苦讀、反覆練習，因此當她發現其他同學可以不付代價、不必作答，就輕鬆取得A時，便勃然大怒，覺得太不公平了。她決定留在考場，一一作答。

她決定要辛苦地賺取成績A。粉絲說：「我不需要任何講義，我自己可以完成。」他們終其一生背負著宗教重擔，還不忘監督身邊的人，確保大家一同身負重擔。

或快或慢，總有一天，耶穌的粉絲必會筋疲力竭。爲了保持與內在情感不一致的外在，爲了死守條規來試圖取悅上帝，粉絲們僞裝得很辛苦、很倦怠。在我繼續說下去以前，我想讓你知道，耶穌來，乃是爲要使你從宗教的捆綁中得自由。對那些拘泥於宗教繁文縟節的人，對那些表裡不一、僞裝得很辛苦的人，對那些老是覺得達不到敬虔標準而身陷罪疚與恐懼感的人，對那些已被宗教規範壓得不堪重負的人，耶穌對這樣的人，發出一個跟隨祂的邀請：

「凡勞苦擔重擔的人，可以到我這裡來，我就使你們得安息。我心裡柔和謙卑，你們當負我的軛，學我的樣式，這樣，你們心裡就必得享安息。因為我的軛是容易的，我的擔子是輕省的。」（〈馬太福音〉11：28～30）

錯失根本

〈馬太福音〉第二十三章裡，耶穌繼續指著宗教領袖說道：

「你們這假冒為善的文士和法利賽人有禍了！因為你們將薄荷、茴香、芹菜獻上十分之一，那律法上更重要的事，就是公義、憐憫、信實，反倒不去行了。這更重的是你們當行的，那也是不可不行的。你們這瞎眼領路的，蠓蟲你們就濾出來，駱駝你們倒吞下去。」（23～24）

他們把律法所要求的細微末節無限放大，有一些要求，甚至是他們自己制定與添加上去的。但他們因爲捨本逐末而常常忽略了更重要、更本質性的部分。耶穌舉了法利賽人如何實踐「十分之一奉獻」爲例。《舊約》記載，猶太律法要求百姓履行十分之一的奉獻，包括五穀、新酒、油，以及牛、羊中的頭胎（《申命記》（申命紀）14：22～29）。《舊約》中的《利未記》（肋未紀）二十七章三十節，也曾提及有關樹上果子的十分之一奉獻。但法利賽人卻突發奇想，把十分之一的概念大肆延伸到家裡廚房所用的香料。雖然耶穌不覺得這有何不對，但祂急於要指出問題的癥結所在，他們錯過了更重要的東西——公義、憐憫與信實。

如果耶穌置身於我們今天的處境，祂或許會這麼說：

「你們這些粉絲有禍了！你們若可以把那套在教會敬拜讚美、載歌載舞的熱情，投入在餵飽與救助貧窮者身上，那麼，世界的飢餓問題說不定本週內便解決了。你們這些粉絲有禍了！你們汲汲營營地想要蓋更大的教會建築物，但若你們可以把同樣的力量和付出，實踐在照顧社區內的無家可歸者，他們的無助與需要就得以滿足了。你們這些粉絲有禍了！你們非常介意別人把聖誕樹說成假日樹，但若你們可以把同樣的認真與激情轉成對病人的照顧上，有沒有醫療保險根本就不是問題了。」

我們常陷入本末倒置的困窘中，費盡心思把細小的蠓蟲濾出來，卻無視於眼前的龐然大駱駝。

或許，有關耶穌的故事，打從你幼年開始便伴隨著你成長。因爲無知所衍生的懼怕與罪疚感，讓你努力守住許多宗教規則與要求，以爲只要循規蹈矩，做足了一切，便可免於下地獄。你被教導要嚴守一切宗教傳統與禮儀，以取悅上帝。漸漸地，你成了宗教的跟隨者，而非基督的跟隨者。

身爲牧師，我經常要面對許多基督徒父母的困擾，因爲他們那些上大學的孩子不再去教會，舉凡一切與耶穌或信仰相關的事物都興致缺缺。面對孩子的宗教冷感，這些熱衷於教會生活的父母毫無頭緒，不知道哪裡出了問題。他們急於探究原因，想知道接下來該怎麼做。只是，談何容易！通常我會耐心聆聽他們細說從頭，提供一些建議和鼓勵，然後與他們一起禱告。

幾個月前，我受邀到德州的休士頓講道。會後，一位身材魁梧的男士，腰間繫著大扣環，眼中含著淚，走上前來。他開始向我訴說女兒的故事。他的女兒上大學以後，就像脫韁野馬，從此離開信仰，流連在外。當他一開口說故事時，我已大致猜到故事的發展，因爲我實在聽過太多類似的故事，有時候連一些細節和情節發展都幾乎相同。當他結束時，我很納悶，他竟沒有問我爲什麼會這樣，也沒有問我，他女兒爲何頑梗叛逆。這位父親並不期待一個解釋，相反的，他竟爲這一切的遺憾，做出了一個令我感觸良深的結論：

「我們讓她在教會裡成長，卻沒有讓她在基督裡成長。」

你聽到他說的嗎？我們讓她在一個注重表象與形式的宗教環境中成長，卻忘了教育她重視與耶穌基督發展眞實而親近的關係。我們教她遵守一切道德界限，但她從來不曉得如何與耶穌建立親密的關係。我們讓她在犯錯時引咎自責，但她卻與上帝的奇異恩典擦身而過。

是我們把她訓練成耶穌的粉絲，而非耶穌的跟隨者。

非粉絲小見證

賴斯查的生命故事

有些人很懂得掩飾守密，而關於隱瞞事實這方面，我可是專家，尤其面對我自己的高度成癮狀況，我隱藏得不露痕跡。對我的家人、朋友和同事而言，我是羅勃特．賴斯查，一個固定參加教會聚會的基督徒、一個好男人。背地裡，我是個性成癮者。我是當地一家「劇場X」的夜店咖，因爲常去，所以雖然店員不知道我的名字，但他們都認得我。

我並非放任自己的成癮狀況而置之不理，不，我一直苦苦掙扎，想盡辦法要戒掉這不好的習慣。我不斷不斷地嘗試要逃離。數不清幾百次了，我答應自己不再這樣沉迷下去，但不消幾天功夫，我所有的力量與意志全然消失殆盡。我甚至藉著婚姻，試圖讓妻子來幫助我，解決我的成癮問題。說來慚愧，婚禮後不久，我發現自己似乎不受控制地又驅車前往「劇場X」。面對自己不受控制的沉淪，我開始自我放逐。我覺得自己無可救藥，也不配得到上帝的赦免與寬恕，既然如此，何必再嘗試上岸？

妻子終究發現了我那不可告人的祕密，她努力想要幫助我。我們一同求助於諮商、輔導和各種治療，但成效不彰，我仍偷偷潛回我的祕密基地。我的所思所想，像長了根，無法自拔，執迷不悟。最後，忍無可忍的妻子以結束婚姻作爲警告，給我下了最後通牒。失去妻子與婚姻的威脅，理應足以讓我清醒與改變，但事實不然。那一晚，當我返抵家門時，前所未有的絕望感讓我幾乎窒息。我知道妻子終有一天會發現，而我們的婚姻也會完蛋，我將被唾棄，孤絕終老。

我不敢再想下去，隨手抓起一把止痛藥，連同幾顆安眠藥吞下肚。我爬上床，希望就這樣在睡夢中死去。但我輾轉難眠，而且還哭了起來。我越哭越失控，躺在床上，泣不成聲。妻子被我吵醒，看著我痛哭失聲，她驚詫得不知所以。追問之下，我坦誠以告。我告訴她，我又去「劇場X」了，同時也告訴她，我剛剛吞下了足以讓我一覺不醒的藥物。

最後，我被緊急送往醫院，撿回了一條命。然後，我在「純生命機構」接受專爲男性性成癮的專業諮商與治療。這次，情況與過去的經驗有所不同。雖然我從幼年時期便自以爲是基督徒，但在那長達七個月的治療期間，我重新學習何爲眞正的跟隨耶穌。我不再倚靠自己的能力來解決我的難處，我學習讓聖靈（聖神）的力量內住在我生命中。由此，得勝的力量是祂，而不是我。我已經認清一個事實：我根本無法靠自己的內在力量與意志，擺脫多年的成癮問題。一直到我完全放下，承認自己做不到，並開始謙卑地每一天與上帝同行，我才漸漸擺脫成癮的轄制，重獲新生與自由。

我是賴斯查，我不是粉絲。

第6章

清出內在生命深處的空位：自我強化 v.s. 聖靈充滿

〈約翰福音〉（若望福音）第十六章

光看這個標題——「聖靈（聖神）充滿」，粉絲們恐怕要坐立難安了。粉絲樂於談論上帝（天主）與耶穌，然後話鋒一轉，開始談論的下一號人物是「在三一神學院的那位表哥艾迪……」，有時候真不曉得該如何回應。這讓我想起岳父母和我之間的互動。我的妻子出生於堪薩斯小鎮❶一戶豬農的家庭。那個偏遠的農村，坐

❶有多小？到她家的方向如下：「到泥濘路旁邊的貨車輪，右轉，就到了。」若遇特殊場合想要外出用餐，你得開車二十分鐘，直到看到「音速小子」（Sonic）的牌子後，再步行一小段路。路上的拖運車數量比轎車多，牲畜比人口多。「游泳池」在當地指的是「飼料槽」。

落於一條幾哩外的泥濘路盡頭。高中時，她不但幫忙養豬，還開著運載牲畜的拖運車進進出出。當我出現時，她的家人努力想讓我感覺自在與受歡迎，但我心中仍隱隱響起那首老掉牙的芝麻街主題曲：「有件事，就是不一樣，有件事，就是格格不入……」

感恩節聚餐席間，除了我以外的其他男人，都身穿沾有鹿尿的捕獵迷彩服，磨刀霍霍，蓄勢待發，餐後就要出門去獵鹿。我穿著設計款T恤（我知道他們背地裡說那是女生的上衣），安靜地坐著吃喝，聽身邊一群男人高談闊論，談他們的豐功偉業，談他們如何開槍射鹿，如何不小心讓一隻野豬逃過一劫。❷午餐後約莫半小時，環顧四周，我警覺我是留在家裡的唯一成年男子。我走進廚房，婆婆媽媽們在製作餅乾，我問她們：「其他男人都到哪兒去了？」我岳母回答：「『所有男人』都外出了！」嗯，不是「所有男人」吧？顯然，「其他男人」已經乘著他們的四輪驅動車馳騁到野外去搭建獵鹿站了，看來，我沒列入他們的邀請名單。我很確定他們並沒有漠視我的存在，我甚至可以確定他們很喜歡我，他們只是不曉得該如何與我互動。我想，那就像粉絲面對聖靈時的態度。有一個我們不得不面對的眞相：你若沒有被聖靈充滿，就無法成爲眞正的跟隨者。

路遙知馬力。想要跟隨耶穌，卻沒有這份能力的粉絲，很快就會狀況百出。或早或晚，這些粉絲必會深受挫敗感打擊，一蹶不振。你不斷勉強自己做不想做的事，然後壓抑自己不做想做的事。你答應別人你會改變，每一次你都信誓旦旦地允諾：「這次不一樣，我一定會做到。」但改變持續不到幾天就故態復萌。你通宵達旦地告訴自己：「這是最後一次，不能再犯！」……不可以再脾氣失控……不能再去瀏覽那個網站……不准再喝了……沒有下一次了。然後，沒多久，你又躺在那兒，重新告誡自己，重新再許下做不到的承諾。成效不彰，功敗垂成。沒有聖靈充滿的跟隨，會使我們挫折連連，疲於奔命。

❷有一年我好不容易搭上話題，告訴他們，我也曾經「殺死一隻鹿」，但後來他們一致認為，車子意外撞死一隻鹿，不算數。

一旦少了聖靈充滿的跟隨，
人生中各種不可預測的風雨，
終會像四面八方湧來的浪潮，
把粉絲淹沒了。

最近，我和妻子，還有四個孩子，在伊士班紐拉小島（加勒比海中第二大島）結束宣教工作後，飛往亞特蘭大機場。抵達機場後，我們各自拿了行李開始走一段很長的路。每一次當我們出門遠行時，我和妻子會協調好分擔不同責任，她負責打包成堆行李，而我負責提行李。所以，我身上攬下超過一半以上的重物，又背又提又拖，遠遠看過來，我整個人就像個移動的大行李箱，勉強露出一小截頭部，在機場裡緩步移動。轉個彎，眼前還有長長一段百米之遙的大廳長廊要穿越。眼看著妻子與孩子已經站上自動人行道，但身負重物的我，根本無法駕馭方向，也站不上坡道。從我的視角望出去，我看見妻兒把身上的包包輕鬆地放在自動人行道上，氣定神閒地站在那裡，看著狼狽不堪的我。我汗流浹背，累得像隻……好吧，累得像個在機場背負半打行李箱的可憐男人。我努力疾步前行，希望可以跟上他們的腳步。結果，我和他們同時抵達自動人行道的終點。只是差別在於，我覺得挫折、疲累、憤憤不平，而他們卻精神奕奕地大步向前。那就是自我奮力與被聖靈充滿這兩種不同路徑的最佳寫照。粉絲試圖扮演聖靈的角色，想要成爲上帝，是件使蚊負山的任務，遲早會讓你筋疲力盡，你最終會因爲難以承受的倦怠與挫折而放棄。

一旦少了聖靈充滿的跟隨，人生中各種不可預測的風雨，終會像四面八方湧來的浪潮，把粉絲淹沒了。一開始他們是決意跟隨耶穌的，但是當人生困境臨到時，他們頓時失去面對與處理的力量，風暴原是讓他們更緊抓著耶穌才對，但他們卻因爲打擊太大而與耶穌漸行漸遠了。

總有些低估與難關，是你力有未逮的。跟隨者已經發現，若不依靠聖靈，事難成矣！

你是「耶穌粉」嗎？

Q5 你是自我強化的粉絲？或聖靈充滿的跟隨者？

我們已經從前文幾處《聖經》中，看見耶穌與不同人的對話和互動，耶穌明確地要他們重新定義與祂的關係。由此，耶穌刻意要在粉絲與跟隨者之間劃下界線，分別出來。對耶穌的門徒而言，耶穌升天以後，關係的再定義顯得迫在眉睫，因為他們被賦予重任，要把天國的福音傳遍世界各地。如果他們只是耶穌的粉絲，恐怕會發生以下兩種狀況：第一種狀況是，他們會收拾包袱回老家，然後重操舊業。曲終人散，該回家了。或者第二種情況：他們努力履行耶穌留給他們的大使命，但因為僅憑一己之力，最終，門徒身陷巨大挫敗，因為耶穌從此消失隱沒於人類歷史中。在〈使徒行傳〉（宗徒大事錄）第一章，耶穌升天以前，對門徒留下這段話：

「但聖靈降臨在你們身上，你們就必得著能力；並要在耶路撒冷、猶太全地和撒瑪利亞，直到地極，做我的見證。」〈使徒行傳〉1：8～9）

我相信，耶穌的這番臨別囑咐，勢必讓門徒感覺異常沉重。耶穌在世上帶著門徒時，他們隨時看得到祂，隨時可以和祂說話。當風暴來襲時，耶穌在他們身邊平靜風浪；當飢餓難耐時，耶穌為他們預備食物；當困惑不解時，耶穌親自授業解惑。但這次，當他們親眼見證耶穌在空中的雲彩間消失時，他們一定焦慮地問：這下子要如何繼續像過去那樣，如影隨形地跟隨耶穌？實況是，他們毫無頭緒，裹足不前。嚴格說來，他們是一群沒受過正規教育的凡夫俗子，而且缺乏資源。他們沒有策略、沒有計畫。他們沒有特殊管道和能力，更沒有任何政治影響力。如果耶穌不在他們身邊指揮、引導，要他們如何跟隨？但耶穌已經明明白白地告訴這群跟隨祂的門徒：「當聖靈降臨，你們就必得著能力。」粉絲或許會憑自己有限的能力來跟隨耶穌，但一個真正的跟隨者所領受的，是從聖靈所賦予的能力。

有時候，當我們讀到《聖經》裡有關門徒如何跟隨耶穌的點滴與互動時，真是又嫉又羨。到底親身跟在耶穌身邊，是什麼樣的一種感覺呢？我們當然樂見聖靈的同在，但不知道為什麼，我們總會不知不覺把聖靈想像成「三一神」（聖父上帝、聖子耶穌、聖靈）中的「後備球隊」。但那絕不是耶穌對祂的跟隨者所描繪的聖靈形象。在〈約翰福音〉第十六章，記述了耶穌被捕與上十字架前，對門徒說的最後一段話。祂努力幫助門徒預備心，接受自己已然逼近的死亡，但門徒卻百般不願。他們無法承受失去耶穌，這位同時是他們的領袖、導師與朋友的耶穌。那是最糟糕的預告。但耶穌仍據實以告：

「然而，我將真情告訴你們，我去是與你們有益的。我若不去，保惠師就不到你們這裡來；我若去，就差祂來。」（〈約翰福音〉16：7）

你明白那意思嗎？作為上帝肉身的形象，耶穌說，最好的情況是讓祂離開，因為當祂離開時，聖靈（保惠師）就會幡然降臨。這是最好的安排。祂為何這麼說呢？我曾經在神學院讀書時，做過「上帝與人同在」這方面的相關研究。《聖經》提及上帝與亞伯拉罕（亞巴郎）同在。上帝與約瑟（若瑟）同在。上帝與以利沙（厄里叟）同在。我注意到一點，大部分「上帝與人同在」的例子，都發生在《舊約聖經》裡，《新約聖經》幾乎找不到類似的敘述。我一度懷疑自己是不是錯過了什麼資料，不然為何會有如此差別待遇？後來，我有了個新發現：從《舊約》循序進入《新約》的過程中，歷經了一個微妙而關鍵性的轉換，那是一種命題轉化的過程。在《舊約》，使用的命題是「上帝與我們同在」；但在《新約》，命題轉換成「上帝在我們裡面」。耶穌的意思是：「我若離開，對你們反而是比較好的安排。」如果上帝與你們同在已是一樁美事，那麼，上帝在你們裡面，豈不更好？耶穌與祂的門徒在一起，但聖靈卻可以住在門徒裡面。

我偶爾聽到人們聊起《舊約聖經》裡的不同人物，言談之間滿是嫉妒與羨慕。例如：

「親耳聽到上帝的聲音，親眼目睹祂的神奇大能，那是什麼樣的一種情境和震撼呢？我多麼希望那些耳熟能詳的經文和故事情節，都能一一發生在我們這個時代、在我們身上！有一天到天堂時，我一定迫不及待要問大衛（達味）、以利亞（厄里亞）或摩西（梅瑟），問他們那是什麼狀況。」

但我想的是，到天堂時，說不定我們反而會被別人追著問呢！在開口問大衛，到底如何擊潰大巨人、如何所戰披靡、屢屢建功之前，大衛恐怕會好奇地搶先問你：「嘿，請你告訴我，有聖靈住在你的心裡，在你軟弱時助你一臂之力，那是什麼樣的感覺？」當你準備開口問以利亞，在眾多假先知面前，登高一呼讓天上降下大火，以及把一個死去的男孩救活，是如何氣勢萬千？我想以利亞會說：「是呀，那個從死裡復活的小男孩，最後還是死了。你且來說說看，有上帝住在你的裡面，到底是怎麼一回事呢？聖靈與你同在，在悲傷沮喪時，賜你喜樂，在你無法面對生命中的陰暗面時，賜你力量，那到底是什麼樣的生命狀態呢？」我們可能也很想問摩西，率領成千上萬群眾過紅海時，白天有雲柱遮陰、夜晚有火柱照明取暖；還有，摩西上山與上帝見面，是何等神奇壯觀的事呢？可能摩西會回答你：「我必須辛苦攀爬登山，才得以見上帝。你倒來說說看，每一天，時時刻刻有上帝內住心裡的親密感，是怎麼一回事？當你面對不可知的未來而躊躇不前時，聖靈親自指引你，讓你知道前行的方向，請問你覺得如何？」

在〈使徒行傳〉第一章，耶穌承諾，將有聖靈降臨在門徒們身上，而〈使徒行傳〉接下來的章節裡，記錄了上帝如何透過聖靈的內住與充滿，幫助這群門徒。在第四章，耶穌最親近的兩個門徒彼得（伯多祿）和約翰（若望），被帶到宗教領袖面前接受審問。這群宗教領袖實在想不透，眼前這兩位凡夫俗子，既沒上過正統的宗教教育，也沒接受任何神學訓練，如此平凡不過的彼得和約翰，怎麼會帶來如此不凡的影響力？百思不得其解之下，於是他們質問彼得和約翰。

「叫使徒站在當中，就問他們說：『你們用什麼能力，奉誰的名做這事呢？』」（〈使徒行傳〉4：7）

宗教領袖們非常確信，彼得和約翰所做的這一切事，顯然不是靠自己的能力辦到。在彼得回答他們之前，讓我們先來看關鍵的第八節：

「那時，彼得被聖靈充滿，對他們說……」

聽了彼得鏗鏘有力的回覆以後，第十三節的經文中，透露了宗教領袖最終達成的共識與結論：

「他們見彼得、約翰的膽量，又看出他們原是沒有學問的小民，就希奇……」

粉絲也可能領受聖靈這份禮物，
但可惜的是，
他們經常沒有讓聖靈來充滿。

彼得和約翰，是的，這兩位毫不起眼的庶民，沒有學問的耶穌跟隨者，因為被聖靈充滿，他們開始改變世界。另一位重要的跟隨者保羅（保祿），在《羅馬人書》（羅馬書）第八章十一節中，一語道出聖靈的大能大力亟欲進入我們的生命中：

「然而，叫耶穌從死裡復活者的靈，若住在你們心裡……」

那個叫耶穌從死裡復活的靈，如今想要住進每一位跟隨者的生命深處。

當你成為基督徒時，你便從上帝那裡接受了這份厚禮：聖靈。那是上帝給每一位相信祂的人的應許。因此，問題不在於「你是否有接觸聖靈的能力」，而是「你開始被充滿了嗎？」。粉絲也可能領受聖靈這份禮物，但可惜的是，他們經常沒有讓聖靈來充滿。

這正是第一世紀的加拉太（迦拉達）教會所面對的問題。保羅到那裡時，特別針對他們的問題，傳講了一篇有關恩典的信息。加拉太教會裡的許多人，把生命交付給基督，並歡喜領受基督所賜的禮物。但是當保羅離開他們時，一些奉行道德與宗教律法的「猶太主義者」，起而鼓譟大家走回形式主義的老路，這群假教師大力鼓吹並強迫人們棄絕恩典與聖靈的能力，高舉個人的努力與作為，藉此贏取救恩。所以，保羅對他們說了這段話：

「你們既靠聖靈入門，如今還靠肉身成全嗎？你們是這樣的無知嗎？」（〈加拉太書〉〈迦拉達書〉3：3）

保羅清楚指出，人無法憑藉一己之力來活出基督徒的生命。何必如此呢？可以騎，何苦走？

軟弱是剛強

要被聖靈充滿，首先得要坦承自己的軟弱與不足。這其實是有違常理的。因爲在正常狀況下，大家總是想盡辦法隱藏自己的缺點與劣勢。

你知道最可怕而殘酷的面試題目是什麼嗎？天底下最難回答的面試問題是：「你最大的缺點是什麼？」你會如何回答？聽我說，你最不該犯下的錯是——千萬別上鉤，千萬別讓他們知道你的缺點與軟弱；如果你說了，他們肯定不會聘僱你。你不能說：「哦，我總是遲到。我經常拖延耽擱。我和同事相處有困難。我不太確定要如何啓動一台電腦。」如果這些都不能說，那你該說些什麼？

根據求職的「惡魔網站」（Monster.com）上教導的撇步指示，你可以運用一些技巧來避重就輕。其一是，把你的弱項包裝成優勢。例如，你可以這麼回答：「我覺得自己是個無可救藥的完美主義者，我總是對自己和他人有太高的要求。」或這樣回應：「我太全力以赴、求好心切，所以，我的生活有時候難免失去平衡。」

另一個包裝自己的伎倆是，解釋你已戰勝一切劣勢，藉此來縮小你的弱點。你可以這麼說：「我原來是個目標導向的人，但我已經慢慢學會並且認知到一件事，要更有效率的達成目標，其實，團隊合作才是上策。」第三個方法是，不著痕跡地輕輕帶過你的軟弱，但你要確定這和你要應徵的工作屬性不相干。比方說，你應徵一份會計相關的工作，但你不想承認自己是個粗心大意的人，於是你聲東擊西地說：「哦，我很容易在籃球場上受傷。」轉個彎，再繞路離開。不論怎麼拐彎抹角，似有若無，總之，就是不可以承認自己任何眞實的弱點。

我可以在這裡小小的懺悔一下嗎？我偶爾會上健身房。一般舉重訓練的器材上，都設有標示不同重量的槓片，你可以按著自己能拉舉的耐力來自行調整放下多少塊槓片。當我進行三頭肌訓練時，我調到十八公斤的重量，這數字普通得很。其中一個問題是，我不覺得自己有三頭肌，沒有任何可見證據顯示這點。但是當我完成練習、準備離開器材時，你知道我會做什麼動作嗎？我若無其事地動了手腳，偷偷把槓片的重量從十八公斤調整成三十二公斤。我要讓下一個使用者對我刮目相看，他們肯定會暗自讚歎：「哇塞，剛剛那傢伙的三頭肌太猛了吧！瞧他一身寬鬆衣服，傲人的三頭肌一定藏在裡面了。」

那是不是我們生命中的常態呢？我們表現得很強勢、很厲害，努力要讓人看見我們擁有最了不起的一切資源，沒什麼事可以難倒我們。

保羅在寫給哥林多（格林多）教會的第二封信裡，提到我們若承認自己的軟弱，便是爲基督的能力預留一個空間：

「所以，我更喜歡誇自己的軟弱，好叫基督的能力覆庇我。我為基督的緣故，就以軟弱、凌辱、急難、逼迫、困苦為可喜樂的，因我什麼時候軟弱，什麼時候就剛強了！」（《哥林多後書》（格林多後書）12：9～10）

保羅明白，活在聖靈的能力裡，意味著把光照在自己的軟弱上，而這恰好是粉絲們最難做到的。因爲大部分粉絲總是想方設法要讓人看見他們的強項，那些隱藏起來的弱點是見不得人的。

面對加拉太教會的跟隨者，因爲放棄活在聖靈的能力而外求規條與自己的能力，保羅提醒他們切勿愚蠢至此，並指示他們可以這麼做：

「我們若是靠聖靈得生，就當靠聖靈行事。」（〈加拉太書〉5：25）

這畫面描繪的是一個行走中的人，他所踏出去的每一步，都靠著聖靈而走。如果你只是「每一個禮拜來教會時承認一次聖靈的存在」，你肯定無法過一個聖靈充滿的生活。

靈性的呼吸

「學園傳道會」的創辦人白立德（Bill Bright）所提倡的「靈性呼吸法」，幫助我成爲一名被聖靈充滿的跟隨者。這套方法教導我們隨時隨處刻意練習，敏銳於聖靈的同在與旨意，直到我們與聖靈的同行成爲你自己的一部分，變得像呼吸那樣，成爲再自然不過的事。練習步驟如下：什麼時刻你警覺到生命中的罪與陰暗面，請你呼氣。呼氣的同時，你認罪。承認自己的軟弱與罪行，漸漸成了自然反應，而生命的內在深處也清出空位，讓聖靈內住與充滿。你什麼時候覺得傲慢、嫉妒、貪慾、惡劣、自私、不耐……，深深呼一口氣，承認你的罪。

要讓聖靈充滿的唯一途徑，就是把自己的生命完全倒空。當我認眞清理自己的內在，便能騰出空間給聖靈來內住。祂充滿得越多，我保留給自己的空間就越被壓縮。這樣想吧。我有個朋友去年結婚，婚前，他的住家公寓牆壁上掛了一張照片，婚後，我到他辦公室時，赫然發現那張照片已被移到辦公室的牆壁上了。那是美國喜劇影集《歡樂單身派對》（*Seinfeld*）演員克萊默爾（Kramer）的一張表框老照片。你覺得克萊默爾搬出去、而老婆大人搬進來，純粹是一種巧合嗎？當然不是。當聖靈進來，內住於你的生命，你將發現可以保留給自己的空間日益減縮。漸漸地，你發現自己的傲慢、嫉妒、貪慾、惡劣、自私、不耐等許多內在汙穢與陰暗，隨著呼氣，呼出牆外，呼出門外。清出來的空間，讓聖靈來充滿。

然後，你開始吸氣。當你吸氣時，你禱告把生命的主權交給上帝，求聖靈來充滿你。「靈性呼吸法」的練習幫助我們與聖靈同步同行。真正的跟隨者，經常要敏銳於聖靈的同在，並恆切禱告求聖靈充滿。

對粉絲來說，首先，這太不自然了。你從未被教導要與聖靈同步前行。如果你看過孩子學走路，你知道跨出去的每一步都是小心翼翼的，需要極大的專注與力氣。一轉眼，兩腳一前一後地自然踏步前行，開始變得理所當然了。同理，當你越加警覺聖靈的存在，且透過禱告向祂支取能力，那些看似勉強或不自然的事，慢慢就會成為你的第二天性。

過去幾年來，我很驚訝地發現，不少教會的實況和加拉太教會如出一轍。牧師的信息轉而強調「再努力些」；當越多人擠進教會，關於上帝的事則越被要求「自己動手做」。自律自助的主張成為王道，粉絲們紛紛起而效尤，誤以為只要夠努力，就能成為耶穌的跟隨者。

說來荒謬，我也曾經悄悄把聖靈放一邊，卻對自己的努力與能力志得意滿。尤其在我早期的宣教工作，我從不坦承自己的軟弱和對上帝的倚靠，我想盡辦法靠自己，凡事自己動手做。

當我們從舊家搬到現在住的新房子時，我保留了一張最重的家具，那是辦公室的桌子。我試著用滑動的方式來搬移那張重量級的桌子，但桌腳不斷被地毯卡住。我忽然想到可以把桌子倒過來，桌面碰地，四腳朝天，再慢慢滑動。果然，事半功倍，桌子順利滑過地毯，緩緩前進。就在那時候，我四歲的兒子跑來，熱心要求幫忙。我讓他站在我的兩臂之間，一老一少，同步搬動。他一邊用力推，一邊嘟噥著，然後他停下腳步，抬頭看著我，對我說：「爸爸，你擋住我的路了。」什麼話啊？小傢伙不讓步，堅持己見，而且認定他可以獨自完成這件事，我忍不住捧腹大笑。

當我開始在加州洛杉磯一所新教會投入宣教工作時，無止境的自我要求與壓力使我心力交瘁，彈盡糧絕。我一週工作超過七十個小時。妻子常要求我給自己放一天假，但我的答案千篇一律：「沒辦法。」更糟糕的是，我得開始服用安眠藥才能入眠。當新成立的教會滿一週年時，有一晚我半夜醒來，萬籟俱靜，我彷彿聽見一陣笑聲——上帝在笑我。我知道這感覺有些不可思議，也或許是安眠藥在作祟，但那時刻的感受是如此強烈而眞實，教我難以釋懷。我躺下，試著去分辨那到底是怎麼一回事。上帝爲什麼要取笑我？我百思不得其解，但我一直很努力想探究緣由。五年後，當我兒子與我一同搬動那張超級重的桌子、並抬頭怪我「擋路」時，那個如夢似眞、困擾我多年的不解，頃刻間，眞相大白。我終於明白爲什麼上帝要取笑我了。我竟然以爲是自己在搬動桌子！是的，或許這聽起來有些荒唐，但我眞的以爲是自己在使力，竟不曉得承認那是上帝的能力在推動這一切。

長此以往，終有一天，粉絲會因爲想靠自己的力氣過一個基督徒生活，而把自己搞得筋疲力竭。如果你仗著一己之力來跟隨耶穌，你很快就會被榨乾、被擊倒。耶穌允諾祂的門徒，聖靈將降臨在他們身上，並賜他們能力。

耶穌的跟隨者將會明白，這是一條注定不孤單的旅途，因爲我們有聖靈與我們

一個又一個說不完的故事，
從被聖靈充滿的跟隨者身上，
一次又一次獲得印證。

同步前行，祂也將超越自然法則，把所需要的能力與剛強賜予我們。

關於跟隨者接受聖靈充滿的討論，其中一個挑戰是，聖靈充滿似乎很容易與超自然的靈異經驗畫上等號，相對之下，跟隨耶穌則顯得「有形有體」得多了。我想要找個最能解釋與說明的方法，把「跟隨耶穌」與「聖靈充滿」兩者之間是如何相互關聯、相輔相成的例子，表達清楚。我請我的臉書朋友們來完成這個句子：**「靠著聖靈的能力，我……」**二十四小時之內，我已經累積了一百個回應：

- 我終於原諒我的父親。
- 我減去六十八公斤，也成功把菸戒掉。
- 我已經寬恕對我不忠的前夫。
- 我們領養了兩位衣索匹亞的男孩。
- 我成功脫離毒癮。
- 我成功戰勝賭癮。

- 我成功掙脫性成癮。
- 我成功解決購物狂的困擾。
- 我成功擺脫厭食症的失序生活。
- 我成功戒掉四年的酒精轄制。
- 即使身爲單親媽媽，我得以好好把特殊孩子帶大。
- 我的婚姻被救回來了。
- 在被告知不可能受孕的情況下，我竟然懷孕了。
- 三年音訊全無的孩子，回家了。
- 丈夫離世後，原以爲走不下去了，我竟重新找到平安。
- 經過一段糟糕的離婚經驗以後，我與前夫破鏡重圓，再度結婚。

一個又一個說不完的故事，從被聖靈充滿的跟隨者身上，一次又一次獲得印證。這樣的故事，粉絲恐怕說不出來。那你的故事呢？

非粉絲小見證

萊恩斯的生命故事

對一個痛恨自己生命的人來說，跟隨耶穌是一件加倍艱鉅的挑戰。我曾經在厭食症的困境中苦苦掙扎，長達數年之久；及至今日，我仍清楚意識到這是我必須長期抗戰的狀態。雖然我比過去好多了，但我偶爾還是會陷入拉扯之中。回顧這段生命歷程，我發現那段失序的人生，正是我的生命中與上帝距離最遙遠的時候，我忽略祂的聲音，轉而追隨其他我認爲比耶穌更重要的人與物。

仔細檢視我的生命經歷，我看見自己一直想要掌控一切病態狀況。當我試圖靠自己的能力來面對時，不但幾乎毀了自己的人生，也波及身邊至親的人。唯有當我與自己的身體和平共處時，我才能好好敬拜與愛耶穌。當身體與靈性相互推擠碰撞時，我便無法擺脫我的自私與虛榮，我也無法去愛或服事任何人，包括上帝。一個眞正跟隨耶穌的人，如果把生命的主導權讓耶穌來掌管，就有能力面對一切疾病與匱乏，不管那情境是如何可驚可怖。有好長一段時間，我無法把生命中這塊最陰暗的部分，轉交予祂。

一直到走投無路時，我才終於把主導權交出去。當我接受洗禮、浸到水裡時，我清楚意識到自己正把許多緊握手中的東西，一一放下。我得學習放下很多東西，包括對厭食症的掌控。那眞的不容易辦到。要對這個疾病「完全死去」，曾是這段與基督同行的旅程中最大的掙扎。但今非昔比。過去，我百般努力想要取得成功；而今，除了努力，我選擇相信聖靈在我生命中的充滿與能力。每一天，從放下自己開始，把自己交付給上帝，並活在聖靈的大能裡。日日皆然，周而復始。

我是萊恩斯，我不是粉絲。

第7章

完成你和耶穌關係的定義：三個自我檢視的問題

〈馬太福音〉（瑪竇福音）第七章

我在第一章開宗明義就問了一個問題：「你是耶穌的跟隨者嗎？」我們也看了好幾個與耶穌相遇的故事，幾乎每一個人都必須面對耶穌提出的挑戰：定義關係，然後由此分辨粉絲與跟隨者的兩大類別。走過前面幾章從《聖經》經文裡整理出來的相遇故事，或許，該是時候讓你駐足沉思，更深入地檢視自己與耶穌的所立之地。首先，我想澄清一點，我並非要讓眞正的耶穌跟隨者去懷疑或質問自己的立場，那不是我的原意。我希望讀者們透過粉絲與跟隨者之間的大不同，進一步肯定與確認自己作爲跟隨者的用心與忠心。不過，我也知道許多自稱爲基督徒的人（按照定義，基督徒就是基督的跟隨者），一旦誠實地重新定義自己與耶穌的關係，那麼，自己是不是基督的跟隨者便昭然若揭，無須贅言。

我最深切的祈禱是，你的眼界可以被打開，聖靈（聖神）搖動並甦醒你的靈魂，讓基督渴望與你建立的關係，深植你的心裡。若然，我眞羨慕你比許多人都還要提早發現，原來生命可以如此不同，原來基督教不是一種加水稀釋的信仰。我希望你可以經驗這份美好，那不只是經歷一份上帝（天主）早就預備要賞賜給你的新生命、靈魂的滿足，更重要的是，永生的盼望。最終最終……有一天，我們都要站在上帝面前，而在那一天，很遺憾的，許多自認爲是跟隨者的將被視爲粉絲。我不是無的放矢或胡亂猜測，事實上，耶穌早已在〈馬太福音〉第七章清楚載明這件事。

雖然我相信救恩的確據與有效性，但我同時也相信，我們「就當恐懼戰競，做成你們得救的功夫。」（〈腓立比書〉〈斐理伯書〉2：2）當我們面對這個嚴肅的議題：哪裡才是你的永恆生命？我們不得不鼓起勇氣回答這個不易作答的問題，然後再誠實無僞地檢視自己的答案。當有一天我們再度被提問：「你是耶穌的跟隨者嗎？」你會不會不假思索就答「是」？但如果最終結局裡，你被判爲粉絲而非跟隨者呢？

前陣子，我從辛辛那提的短暫旅途中回到路易威爾。銜接兩個城市之間的高速公路，是一條筆直的1－71高速公路。我預計只要一小時就可以返抵家門，距離回家吃晚餐的時間綽綽有餘。我轉開收音機，音樂響起，那眞是美好的一天，我非常享受這樣的旅程。一個小時後，我知道已經接近路易威爾了。忽然，我瞥見一個告示牌上寫著：「歡迎來到列克星敦！」這是怎麼回事？

原來，通往路易威爾的1－71，在辛辛那提外圍分叉一條通往列克星敦的1－75，稍一不愼，就會開往錯誤的方向而不自知。這是一條經常讓許多駕駛犯下同樣錯誤的路段。將近一小時的時間，我自以爲在回家的筆直大道上快樂奔馳，但我其實是開在另一條1－75道路，卻渾然不知自己已經「誤入歧途」將近一個小時。我從來就不曾這樣開錯路。我相信路途中一定不斷出現一些指示牌或標示，告訴所有駕駛者那是高速公路1－75，但我竟視而不見，完全忽略了。我從來就不曾這樣開錯路。我扭開收音機，隨著音樂高歌，渾然不覺。是的，我從來就不允許自己這樣開錯路。

〈馬太福音〉第七章，耶穌提及有兩條不同的道路，各自通往迥然相異的目的地：

「你們要進窄門。因為引到滅亡，那門是寬的，路是大的，進去的人也多；引到永生，那門是窄的，路是小的，找著的人也少。」（7：13～14）

大部分的人都走錯路，只有少數人找到那條窄路。果眞如此，我們是不是應該放慢疾馳而過的速度？是不是應該緊急踩個煞車，把車子停到路邊，再三確認一下這是不是通往生命之道？耶穌的這個教導，是著名的〈登山寶訓〉信息中的結論。耶穌特別針對那些想認眞跟隨祂的人設立門檻，並嚴肅地重申——那是一條窄路，但這條窄路將導向生命與永生。

我很好奇，你會不會自以為正踏上窄路、但你其實是在寬闊的道路上疾速馳騁？有沒有這個可能性，你開啓了導航系統，把車內收音機的頻道調到基督教電台，車後方保險桿上還不忘貼了「耶穌和魚」的貼紙，一切就緒，但其實你正朝向滅亡之路？

基督徒作家唐納德・韋特尼（Donald Whitney）曾說：「如果一個人與上帝的關係是錯誤的，那他或她不論在其他事上有多正確，都不重要了。」所以，在你繼續走下去之前，我提醒你放緩速度，看看周圍的指標與告示牌，問問自己，這是什麼路？會不會你誤以為自己與上帝之間沒什麼問題？請繼續看耶穌在〈馬太福音〉第七章的教導：

「凡稱呼我『主啊，主啊』的人，不能都進天國；唯獨遵行我天父旨意的人，才能進去。當那日，必有許多人對我說：『主啊，主啊，我們不是奉你的名傳道，奉你的名趕鬼，奉你的名行許多異能嗎？』我就

明明地告訴你們說：『我從來不認識你們，你們這些作惡的人，離開我去吧！』」（7：21～23）

如果耶穌說的是「少部分的人」在最終的審判日時，得以毫無指責地站立在耶穌面前，坦白說，我不會感到吃驚；反之，我也不會太訝異。但問題是，耶穌並沒有說「少部分的人」，祂也不是說「有些人」，祂說「必有許多人」。有許多人以為他們正朝往天國之路，但最終卻不得不發現自己開錯路了。

因此，假若你已經把車子停靠路邊，我希望你透過以下幾個耶穌所提出的重要教導與問題，來自我檢視。

第一題：你的生命是否反映你口裡的信仰？

在同一段經文的第二十一節，我們讀到耶穌的意思：「並非凡稱呼的都……唯獨遵行的才……」耶穌在這個地方用了兩個反差極大的字：「稱呼」與「遵行」，

信仰，
遠遠超乎一切口裡的談空說有。

來作爲粉絲與跟隨者之間的不同與分際。這是一個虛實不分的世代，我們說的一套，做的一套，即便我們所言所信，與我們所是所行之間，相去甚遠，我們仍能心安理得。我們已經自我麻醉並說服自己，縱使我們的信仰如此眞實，但它卻一點也影響不了我的生活。讓我來說明一下這樣的思路發展。

如果我針對所有美國人進行一項問卷調查：「你相信吃對食物與維持運動是重要的嗎？」大部分的人會回答：「是的，我相信。」美國人會一致認定健康是重要的。但美國國內的市集裡，最暢銷的食物是培根芝士漢堡外加一個香脆奶油多拿滋小麵包。如果你想在培根上添加雙倍巧克力，得要額外付費。❶再舉一個例子。有的男人或許會信誓旦旦地說：「我相信家庭的重要性。對我而言，沒什麼比家庭更重要了。」但如果他欣然接受一份高薪工作，且這份職務要求他經常得離家出差，那麼，他的選擇已說明了他眞正的信念。

當我們相信耶穌時，我們其實是靠著上帝的恩典而享有這份救恩，但根植於《聖經》的相信，比我們口裡所承認的還要重要；我們透過實際生活來承認自己所信爲何。

所以，粉絲會稱呼「主啊，主啊」，但粉絲活不出「主啊，主啊」的生命態度。你說：「我是跟隨者。」我聽到了，但你最後一次餵飽飢餓的人，是多久以前的事？你讓窮得沒衣服穿的人有衣可穿，是多久以前的事？你去探望監獄裡的人，是多久以前的事？你仍堅持聲稱：「我是跟隨者。」喔，好極了。但請問，當你和配偶吵架時，你都怎麼做？我想知道你是不是那個最先把手溫柔地搭在你丈夫或妻子的背，說「對不起」的那一方？當你聽到鄰居開始說長道短時，你會怎麼做？當你在觀賞一部不斷把上帝的名號當口頭禪的電影時，你會怎麼做？信仰，遠遠超乎一切口裡的談空說有。

舉個例子。想像我們全家外出參加爲期一個月的宣教隊，一對年輕夫妻住進我們家，替我們看管房子。出遠門前，我把一本記錄了十二頁的筆記本交給他們，內

---

❶我覺得物超所值。按理來說，如果你想吃的是多拿滋培根芝士漢堡，你最好加些巧克力在培根上。

容詳述需要注意的許多事項，以及如何照顧寵物的種種細節。我告訴他們何時澆灌植物盆栽，還有貓食放置的地方、以及一次該餵食多少。我提醒他們記得收信件。我囑咐他們，收垃圾的時間是星期四早上。我讓他們知道樓下廁所偶爾會水流不止，所以一定要知道水閥開關的地方，萬一需要時可以趕緊把水閥關上。當我把筆記本交到他們手裡時，他們答應我會詳細閱讀並照做。現在，請你來想像這樣的情境：當我回到家時，所有植物都枯死了。車庫內堆積著惡臭垃圾。廁所的水流了好幾天，水淹到地下室。轉身到後院時，竟然發現一個小小墓碑，那是貓咪屍體的埋身之處。然後，這對受託幫我們看管家園的年輕夫妻迎面走來，告訴我，這本筆記本讓他們獲益良多。他們對我寫下的規則朗朗上口，我瞄了一眼，發現他們很認真地把不同的內容重點都用螢光筆特別標示出來。他們還告訴我，每晚臨睡前，必確保這些內容都一一瀏覽詳閱一遍。我要如何回應？我會毫不客氣地指責：「你們這些作惡的人，離開我去吧！」他們或許許下承諾，但言而無信，盡是空談。

《聖經》裡有另一處經文，記載在〈雅各書〉（雅各伯書）中，清楚說明了根植於《聖經》上的信仰：

「我的弟兄們，若有人說自己有信心，卻沒有行為，有什麼益處呢？這信心能救他嗎？若是弟兄或是姐妹，赤身露體，又缺了日用的飲食，你們中間有人對他們說：『平平安安地去吧！願你們穿得暖吃得飽』，卻不給他們身體所需用的，這有什麼益處呢？」（〈雅各書〉2：14～16）

不只是感覺

這是粉絲的典型反應：他們對信心的感覺產生錯誤的認知。你的信心不該只是一份感覺，它需要被具體表達出來。我個人對這方面特別感觸良多。好幾年前，有一晚我看到電視上正播放著飽受飢餓之苦的孩子，那些營養不良的孩子，骨瘦如柴的四肢，肚子鼓脹得又大又圓。我躺在沙發上，含淚看著一個又一個令人心碎的畫

信仰，不管你多麼虔敬與真心相待，
假若它無法在現實狀況中以具體行動反映出來，
那終究只是一種幻覺。

面。我爲他們憂心且哀傷，眞是百感交集。幾分鐘以後，我從沙發上站起來，深感成爲基督徒是件多麼美好的事，畢竟，不是每個人都能像我那樣，對受苦之人有一顆敏銳、柔軟而易感的心。我的感覺很強烈，但我只有心動卻沒有行動，那絕不是根植於《聖經》的信仰。眞實的狀況是，信心不只是一種感覺。在〈希伯來書〉第十一章，每一個信心的背後，都是一個動人的故事。人們傾向以「對耶穌的感覺」來判斷自己是不是跟隨者，但眞正的跟隨，要求的是比感覺更深且更多的東西，那是行動。

〈雅各書〉的作者在第十七節做了個結論：

「這樣，信心若沒有行為就是死的。」

當我開始研究「信仰」這個詞彙時，我讀到一篇由精神疾病專家所撰寫的文章。在那篇文章裡，作者指出，他的病患所相信的，往往只是一種虛幻的想像，根本不存在於現實世界中。病患可能會全然相信他飛得起來，但那只是毫無現實基礎的無稽之談。病患可能是個認眞譴責暴力的施暴者，但他其實不相信自己的非暴力信仰，因爲他的信仰與現實生活的行爲背道而馳。當這位精神疾病專家論及病患對自己那些毫無現實根基的空泛信念時，他不是用「信仰」這個詞彙，你知道他用什麼名詞來解釋病患的思想狀況嗎？他稱之爲「幻覺」。我們不常以這個角度來思考信仰的事，但有關信心的認識與發展，是個重要的眞理，確實需要我們用心關注——信仰，不管你多麼虔敬與眞心相待，假若它無法在現實狀況中以具體行動反映出來，那終究只是一種幻覺。

第二題：你覺得你走在正道，是因爲你做了正事嗎？

光說不練，靠一張嘴就自以爲走在正道上，是鋌而走險；但光靠行動就自以爲走在耶穌所稱許的窄路上，也一樣危險。請留意〈馬太福音〉第七章，那些典型粉絲爲自己辯護的言論。他們最終會對耶穌這麼說：「我們說預言，我們趕鬼，我們行神蹟。」他們引以為傲的信心，是建立在敬虔的行為與善行上。有一個可以「快篩」測試自己是粉絲更甚於跟隨者的方式是，當我問「你是不是跟隨者」時，你的腦袋馬上轉向習以為常的宗教行為，例如，你穩定出席聚會、你都有把錢投進奉獻箱，還有你偶爾也在教會當義工投入服事。

耶穌在〈馬太福音〉第七章刻意使用充滿假設與臆想空間的方式來談論正義，令人詫異，且印象深刻。我從未趕鬼，也不曾行過神蹟；如果連他們行過豐功偉業的人都進不了天堂，那我更不用說了，一定不得其門而入！我想，那正是耶穌的重點。顯然，耶穌故意選擇使用戲劇張力的行為和超自然的屬靈成就，來釐清一件事：不管你做得多好，不管你為了上帝國度成就了多麼非凡的事，這些都無法使你成為真正的跟隨者。

最終，定義你是粉絲或跟隨者的指標，不是你的所言，亦非你的所行。這些言與行都很重要，缺一不可；但關鍵在於，這些言行必須能反映出以下這個問題的答案。

第三題：我認識耶穌嗎？祂認識我嗎？

緊接著〈馬太福音〉第七章後半段的重點，耶穌畫下了關鍵的分際線。在第二十三節，耶穌對粉絲們說：「我從來不認識你們。」追根究柢，最終的問題是：與耶穌的個人關係——你認識祂嗎？祂是否認識你？我們習慣把重點放在我們的言論與行爲上，因爲那是比較容易量化的指標，容易操作，還可以被用來當「呈堂證據」。但耶穌對跟隨者的認定是建立在彼此之間的親密關係上，超越我們的所言與所行。

當我和妻子到外面吃飯約會時，她絕不讓我坐在面對電視的位子上。她知道電視上的任何節目都會讓我心不在焉，不管是運動或刺繡節目，我都會目不轉睛地盯著螢幕看。而我從來不覺得那是個多大的問題。談話中總有安靜不語的幾分鐘，看個電視有什麼大不了的？

我深覺不以爲然。有一晚，我們一起在餐廳吃飯，鄰座兩張不同桌子的兩對男女之間的互動，引起了我的注意。其中一對男女，顯然是熱戀中的情侶或剛新婚的

祂所要的，遠超乎我們的敬虔行為，
遠超乎我們對宗教的依附，
遠超乎我們對條規與禮儀的遵守，
遠超乎我們的甜言蜜語；祂所求於我們的，
不過是想認識我們，以及讓我們更深地認識祂。

夫妻，總之，他們興致高昂。他們緊靠在同一張長椅上，如膠似漆地竊竊私語，偶爾被彼此的笑話逗得開懷大笑。他們眼前的食物都涼了，但他們顯然不在乎。坐在他們隔壁座的是一對年長的伴侶，我猜，應該是結婚數十年的老夫老妻了。他們沉默不語，彼此之間幾乎毫無互動，猶如一灘死水。我把自己的觀察心得告訴妻子，我說：「你看那對老夫老妻，你不覺得很可悲嗎？他們一開始的關係，應該是像旁邊那對年輕情侶，講個沒完沒了，什麼話題都新鮮，什麼話都想聊，說個不停。然而，十幾年以後，卻慢慢變成另一對夫妻，成了無話可談的貧乏夫妻。好可悲啊！」妻子回應：「我倒覺得那是另一種甜蜜自在的相處方式。」

我安靜地點頭，努力想認同妻子的話，卻比之前更覺困惑。霎時，我茅塞頓開，赫然覺悟了妻子的意思。老夫老妻之所以自在甜蜜，是因爲他們之間不需要太多言語，此時無聲勝有聲，就只是單純地享受在一起的時間，眼裡有彼此，即使不言不語，但那種安安靜靜在一起的畫面，原來是妻子所渴望的關係。如果你問我，我會舉證歷歷，讓你知道我帶妻子到哪家高級餐廳約會作爲例子，用以證明我是個不可多得的好丈夫。但對妻子而言，她在乎的不是這個，如果她得不到我的全副注意力，她根本不認為那是約會。我們可以在全城最棒的餐廳用餐，再送她昂貴的禮物，但如果整個約會過程她感受不到我只想單獨與她一起，感受不到我想更深地認識她，並讓她認識我，那麼，那些外在的形式與物質，對她而言便算不得什麼。她所在乎的，遠遠超乎我的言語、遠遠超乎我體貼的舉止，她渴望的是我的心，她想要更深地認識我。

上帝對我們的愛，也是這般心境。祂所要的，遠超乎我們的敬虔行為，遠超乎我們對宗教的依附，遠超乎我們對條規與禮儀的遵守，遠超乎我們的甜言蜜語；祂所求於我們的，不過是想認識我們，以及讓我們更深地認識祂。畢竟，我們與祂的關係，才是最終極的指標。如果少了這部分，那些世上的預言、趕鬼與神蹟行徑，都沒什麼意義了。

不久前，我和一對已婚二十幾年的夫妻，面對面坐著。這對夫妻已經分居一段時日，正準備要離婚。我坐在那裡，聽他們雙方互相指責。太太抱怨丈夫總是缺席，而且無法好好控制自己的情緒。丈夫則極力爲自己辯護，洋洋灑灑列出他爲妻子所做的一切事。他說：「我還可以怎麼做？我盡一切努力確保所有帳單都處理好。你還沒開口，我就自掏腰包給你買一輛全新的福斯休旅車！我在家裡分擔的家務比你還要多！你爲什麼不告訴牧師，家裡的衣服是誰洗的？我每年都帶全家外出旅遊。你要我幫兒子的足球隊擔任義務教練，我就去了。我從來不曾欺騙你、背叛你，我甚至從來不曾和其他女性搭訕！」這位丈夫以戲劇性的語調作爲結論：「你到底還想要我怎麼做？」

太太沉默不語，把頭轉向另一邊，將視線從丈夫身上移開。她闔上雙眼，幾度無助地搖頭。然後，她睜開眼睛，繼續對著牆壁，幽幽吐露眞言：「我常覺得自己好像根本不認識你。」

稍微停下腳步，問問你自己：「耶穌認識你嗎？」那最終的日子將到，很多說對話、做對事的人，恐怕會聽到耶穌毫不留情地說：「離開我去吧！我從來不認識你們！」

請了解我的意思。我必須再度重申，我不是要讓你成爲疑神疑鬼的偏執狂。我相信《聖經》中關於救恩的教導。我相信透過對耶穌基督的相信，我們被上帝的恩典所救贖（《以弗所書》〈厄弗所書〉2：8）。我相信唯有上帝能保守我們免於跌倒（《猶大書》〈猶達書〉1：24）。我相信沒有任何事物可以使我們與上帝的愛隔絕（《羅馬人書》〈羅馬書〉8：38～39）。但同時，我也相信《聖經》中明明教導我們，有許多誤以爲自己享有救恩的人，其實不然。他們依仗錯誤的救恩確據而生活。他們誤以爲自己是跟隨者，但當最終的日子臨到，他們將驚覺，原來自己不過是粉絲。

當我第一次在教會分享「不是耶穌的粉絲」的信息後，有一位新朋友的反應，讓我深感全教會的朋友都需要好好聆聽這個信息。這位新朋友是位年輕的單親爸爸。他從小就在教會出入，孩童時期便已立志成爲基督徒，但從未認眞地把生命獻上給神。參加了幾個月的教會生活以後，他的生命經歷了全然的更新與改變，他愛上耶穌了。他發現了價值連城的珍珠，值得他用全部的生命來追求。他生命的改變相當戲劇性，他與耶穌的關係令他的人生徹底大翻轉。在跟隨耶穌以前，他的生命狀態，引用他自己的話來形容是：「出走，喝酒，抽菸，追求異性。」上班時，他宿醉的時候比清醒時還多。他自己也不清楚爲何內心總是充滿憤怒，不但如此，那種對人生失去目標、找不到意義的百無聊賴，簡直是行屍走肉地度日。但如今，跟隨耶穌爲他的人生帶來不可思議的轉化。你只需要花幾分鐘和他在一起，很快就會發現他那股在基督裡找到的喜樂，溢於言表。他經常在教會走動，盡其所能地付出時間與行動來協助任何有需要的人。他在經濟上是個捉襟見肘的單親爸爸，把握時間賺錢對他而言無比重要，但當他重新認定自己基督徒的身分以後，他決定每個週末去教會，不再爲五斗米折腰。即便他並不寬裕，但他總是不計代價地慷慨付出。

不久前，他問我是否願意排出時間，和他以及他的母親一起喝杯咖啡。雖然我並不認識他的母親，但我告訴他，我非常願意。當我們三個人終於有機會一起坐下來喝咖啡時，我有預感這位母親準備告訴我什麼。我知道她的母親是基督徒，定期參加另一間教會的聚會，我想她應該是要跟我道謝，爲自己的兒子在我的教會中所經歷的生命改變而向我致謝。不過，出乎我所料，母親對這個兒子竟惱怒不已。她對我不滿，也抱怨教會，因爲「我兒子太投入教會了」，她怨聲載道。她不喜歡兒子老往教會跑，花太多時間在教會，家裡一些親人對兒子堅持飯前禱告的行徑「深感困擾」。兒子對牧師的講道總是不厭其煩地一聽再聽，還下載燒成光碟，隨時播放。她覺得兒子把辛苦賺來的血汗錢奉獻給教會，絕非明智之舉。最近，兒子開始說要參加短期宣教隊的計畫。一連串的炮聲隆隆以後，這位母親以挫折的聲調問我：「能不能麻煩你教教我兒子，告訴他，《聖經》其實教我們『凡事適可而止就好』？能不能告訴我兒子，不需要這樣全有或全無？」

整個對話過程中，我努力維持君子風度與笑容，但我開始咬牙切齒，呼吸急促。我迫不及待要爲我的朋友抗辯。我的眉毛緊蹙，七孔生煙。然後我開始引經據典，那是我義憤填膺時最常做的事。我引用〈啓示錄〉（默示錄）的經文。我告訴眼前這位大半輩子都定期參加教會聚會的女士：「在〈啓示錄〉第三章，耶穌對老底嘉教會的基督徒說，『你不冷也不熱，你既如溫水，也不冷也不熱，所以我必從我口中把你吐出去。』耶穌從來沒說過『凡事適可而止就好』；耶穌說的是，你若不放下一切跟隨祂，就不能做祂的門徒。耶穌的邀請，本來就是『全有』或『全無』，沒有中間值的灰色地帶或妥協空間。」

耶穌已經清楚定義祂渴望與你建立的關係。祂對那些凡事適可而止的熱情粉絲沒太大的興趣，祂要的是全心全意投入而委身的跟隨者。

第二部

邀請你來跟隨

第8章

任何人：一份公開的邀請

從粉絲到跟隨者的這趟旅程，從我們當中的粉絲開始檢視。爲了幫助我們進一步觀察與定義，我們實際走訪不同情境中，不同人物與耶穌的相遇和對話。耶穌總不忘把這些人帶入一個重要的位置和思考點，讓他們仔細辨明與判斷，自己與耶穌的關係爲何——關係普通或深入？這些人當中，大部分是粉絲無疑，是耶穌的超級仰慕者，無比熱情的頭號粉絲。其實，粉絲並非不想和耶穌有關係，他們也想要和耶穌建立關係，只不過建立關係的條件是以自己爲主，是按著自己的節奏和計畫。眞正的問題在於：到底，耶穌最渴望與我們建立什麼樣的關係？那才是關鍵所在。祂的條件是什麼？當祂要我們跟隨祂時，到底祂眞正的意思爲何？

如果你只記得一段《聖經》經文，我相信那一定是〈約翰福音〉（若望福音）

第三章十六節。這是一段偉大的經文，含括了最美好的眞理。來吧，快點，可以背嗎？讓我用填充題給你提示：

神＿＿＿＿＿＿，甚至將祂的＿＿＿＿＿＿賜給他們，叫一切＿＿＿＿＿＿，不致滅亡，反得＿＿＿＿＿＿。

這段《聖經》經文之所以成爲最常被引用的經文，其來有自。❶在這段經文裡，我們讀到上帝（天主）愛我們，耶穌爲我們死，透過耶穌的死，我們得到永生。我們經常在一些運動場合中看見有人拿著牌子，牌子上寫的經文正是「約翰福音3：16」。❷我一直很納悶，怎麼從來沒看過有人拿著印上「路加福音9：23」

---

❶有一份研究報告指出，《聖經》中最朗朗上口的一句經文是：「天助自助者。」嗯……那其實是班傑明・富蘭克林（Benjamin Franklin）的名言。

❷在一場比賽中，我最愛的舉牌標語是：「坐我後面的傢伙看不到。」

的經文牌子？快快快，你可以把這段經文背出來嗎？這段經文有點高難度，但〈路加福音〉9：23也同樣記載耶穌的話啊！事實上，有別於剛剛的〈約翰福音〉3：16，耶穌在〈路加福音〉這段經文所說的話，也同時記載在其他三卷福音書裡，足可見其重要性。這句話是：

「若有人要跟從我，就當捨己，天天背起他的十字架來跟從我。」

你現在明白爲什麼在運動場或其他公共場合裡，不會有人舉著印上這段經文的牌子嗎？因爲這內容會讓人對基督教印象不佳。這樣的經文無助於招引新的基督徒加入教會。但是，〈約翰福音〉3：16與〈路加福音〉9：23必須同時並存，相提並論，這才有助於幫助我們更全面、更準確地明白何爲福音的眞義與邀約。

〈約翰福音〉3：16強調「相信」。

沒有「跟隨」的「相信」，
就不是真正的相信，反之亦然。

〈路加福音〉9：23關注「跟隨」。

這兩件事必須共存同行，缺一不可。沒有「跟隨」的「相信」，就不是眞正的相信，反之亦然。沒有〈路加福音〉9：23，就不存在〈約翰福音〉3：16。

在本書的第一部分，我們處理了與耶穌建立關係所當付上的代價。在第二部分，我們將發現，當我們決定要跟隨祂時，祂將把我們帶往何處去。接下來的內容，將從〈路加福音〉9：23來檢驗，到底耶穌邀請我們跟隨祂，所爲何來。這一章，耶穌清楚地把祂對跟隨者的期望一一說明，同時也指出耶穌所渴望的關係爲何。祂把所有條件列明，如此一來，我們才知道，每一個跟隨的決定背後，是什麼樣的代價。

任何人意味著所有人

耶穌以這三個字來開始祂的呼召：**若有人……**

「有人」意味著任何人，這兩個字帶有特殊意涵，耶穌清楚表明邀請的對象，祂邀請「任何人」，這是個含括所有人的詞彙。任何人意味著所有人。耶穌並沒有以內定的人作爲邀約對象；祂邀請的對象是任何人、所有人。很多人其實不知道他們已經受邀來跟隨祂。他們總想著：「等我把這些事都做好以後吧。祂應該不會要我跟隨祂吧。我想我不可能做得到。」這些人假設自己不符資格，因此，他們從未認眞思索跟隨耶穌的意義。明知資格不符，幹嘛還要花時間去塡寫申請表呢？

幾年前，我的妻子發現了一組價格低廉的白色雙人沙發，她愛不釋手，覺得不買下來太對不起自己了。於是，我們買下了雙人沙發，配上白色地毯，放在房間裡。我必須先說明，那塊白色地毯不是我們買的，是之前一對沒有小孩的屋主留下的。於是，白色地毯上的白色雙人沙發，就這樣完美地擺放在房間一隅。妻子訂下一條家規，確保家裡的小孩都不能踏進那間「白宮」。一切看來頗令人滿意。有一天，妻子打掃和整理房間時，把沙發上的坐墊翻轉過來，發現了天大的祕密，有人幹了件好事，而且試圖湮滅證據。她把我叫進房間，我看見了白色沙發上一塊粉紅色指甲油的染漬。妻子非常惱怒。接著，我們把沙發維持原樣，若無其事地把女兒們都叫進來房裡，準備展開一場審訊。正當我把坐墊翻轉過來的那一刻，排行中間的女兒玫根知道事跡敗露了，猛然霍地一聲站起來，奪門而出，奔逃上樓。

我們或多或少，總有些藏汙納垢之處；而內心最大的恐懼，莫過於被人翻轉坐墊，發現了試圖隱藏的罪行。因為耶穌知道所有關乎我們的瑕疵與汙漬，那讓我們深覺自己不配。我們生命中那些見不得人的陰暗與齷齪，肯定會讓我們從跟隨者的邀請名單上被除名。耶穌應該不會要我們。

如果要從耶穌身邊最親近的十二個門徒中，找出最能感同身受的一位，恐怕是馬太（瑪竇）了。當我們第一次被引薦與這位門徒見面時，馬太早已不再對自己身上的黑點遮遮掩掩。許多證據與背景資料顯示，馬太面臨的是眾叛親離的考驗；或至少，我們可以這麼說，馬太的雙親對兒子滿懷失望與怨懟，他是父母心中的痛。當馬太還是個孩子時，父母肯定對這個兒子有很不一樣的人生規劃。我們從馬太的另一個名字便可看出其中端倪——利未（肋未）。這個由父母取的名字，意味著他們期待這個兒子能像《舊約聖經》裡的「利未人」那樣，成為上帝所尊榮的服事者。從他呱呱墜地那一刻，他就被分別出來，成為以色列國的屬靈領袖。馬太的父親、祖父、甚至可追溯至曾祖父，極有可能都是站在上帝的聖殿服事的祭司（司祭）。十二歲以前，馬太已經可以把《舊約聖經》的前五卷《摩西五經》（梅瑟五經）倒背如流。按照一般利未家庭的習俗，馬太早該成為某位猶太教師（拉比）門下的弟子，或許他曾寄出申請書，但顯然他不被錄取。或許他資格不符，因此無法如願進入「拉比學校」深造。

無論如何，這一切不按牌理出牌的意外背後，必有什麼差錯或狀況。原該擔任神職人員的馬太，竟走上另一條迥然不同的專業道路。他背離自己的宗族、自己的百姓，效忠殖民地政府羅馬，成為稅吏。他最重要的職務是向自己的百姓徵收重稅，然後從中抽取佣金，再把講定好的金額交給羅馬政府。就算他公正地收稅，他仍被視爲是替外來政權工作的走狗。但問題在於，在那個年代，幾乎找不到公正有良心的稅吏。因爲他們爲苛政效勞，盡其所能地爲難自己百姓的口袋，也因此，他們不但被猶太宗族唾棄，在宗教禮儀上也被視爲汙穢、不潔淨的人，甚至連猶太人的敬拜之地，聖潔的「帳幕」外院，也不准讓這些稅務人員靠近。他已徹底被猶太宗族除名。

你和我，我們恐怕也和馬太相去不遠。或許你不致於偷鄰居的錢，但我們肯定曾讓人搖頭失望。我們達不到一些標準與期待，我們沒被選上。《聖經》在〈羅馬人書〉（羅馬書）中提及，我們每一個人都犯了罪，虧缺了上帝的榮耀。我們說了不該說的話，做了不該做的事。當我們努力想要塗抹一切汙漬時，卻欲蓋彌彰，無所遁形。

想像馬太的人生起伏，令我忍不住好奇，他是不是爲了刻意忽視生命中的汙點，選擇自我放逐、出賣靈魂，而成爲稅吏？生命中總有類似「一不做二不休」的次等選項，是吧？一個失誤像滾雪球般引來另一個錯誤，最後，你想：「有什麼意義？何必再努力呢？」不管馬太的過去如何，他顯然已經豁出去，既然不顧一切了，也就不需要再躲藏或遮掩什麼。

每一天，攘來熙往的街道旁，馬太高高坐穩在他的收稅亭上。這個位子、這個身分，恐怕是他始料未及的人生。在某個誠實面對自我的安靜時刻，或許夜深人靜的難眠之夜，雙眼瞪著天花板時，他會對自己所做的一切，滿懷罪疚與懊悔嗎？如果人生可以重來，會是另一個截然不同的結果嗎？但眼前當下，他該怎麼做？何去何從？罪證確鑿至此，無論如何都不可能塗抹否認了。

正當我翻轉坐墊的那一刻，我的女兒玫根因心虛而逃離現場。她往樓上的方向跑去，試圖躲起來。我追上去，叫了好幾聲，但她始終不出聲。我開始逐一檢查各個房間，最後在衣櫃裡找到一個把頭深埋於兩膝之間的罪犯。我聽到她的啜泣聲。她不願把頭抬起來。我在衣櫃旁蹲下來，把我的手放在她的背上。我不知道她心裡到底怎麼揣測我的反應，她以爲我會勃然大怒嗎？她猜我會對她大吼大叫？或者，她擔心我從此不再愛她？我們一起走下樓，然後，她娓娓道來整件事情的始末，她隱瞞了這個祕密長達數個月。她不小心把指甲油打翻了，然後，她小心翼翼地嘗試各種方法要把那一灘汙漬清除，又擦又刷，汙漬卻越刷越擴散。

最後，她只好把整個坐墊上下翻轉，把染漬的那一面朝下，以為神不知鬼不覺。她告訴我們，每一次看見我們走進那個房間，她甚至因為太緊張而胃痛。她害怕我們發現，害怕總有一天她的罪行會被揭發。她抬頭看著我們，淚水浸濕了褐色的大眼睛，然後，她問了一個讓我們心疼不已的問題：「你們還愛我嗎？」

我猜，馬太早已不再問這問題了。他無法想像上帝會要一個像他這樣的人。我相信馬太一定聽過街坊鄰里談論那位超人氣新老師，祂叫耶穌，行事作風非常獨特。有一天，尋常日子的一天，馬太一如往常坐在收稅亭裡。耶穌經過，停下腳步，開口對他說話。無人預知耶穌會對他說什麼，而耶穌只說了三個字，但這三個字竟改變了馬太的一生。耶穌對他說：「跟從我。」一位猶太教師，竟開口邀請與殖民政府聯手壓迫我們的稅吏來當祂的跟隨者？那實在是超乎一般人所能接受和想像的情境。

我們需要了解，在當時的文化處境下擔任猶太教師的拉比，意義爲何。雖然耶穌是一位居無定所、非常規又非傳統的拉比，但他仍是個不折不扣的拉比。拉比最主要的責任，是教導上帝的話語。而當時，上帝的話語指的是《舊約聖經》。拉比對《舊約》的前五卷書《摩西五經》，以及所有的先知書信，都非常熟悉，知之甚詳。

另一個讓拉比身分比一般人更獨特的是，他們可以招收自己的學生。這些門下高徒，被稱爲「塔米頂」（Talmidim）。這個特殊詞彙是「門徒」或「學生」的直譯。每一個拉比身邊都有門徒，這些精挑細選的門徒，有高度的親近與排他性。大部分學生不是終生門徒，有些不符資格而被刷下的學生，轉而投身從事小生意或買賣，尤其以家族生意居多。

至於那些想拜某位拉比爲師的學生，則必須通過申請程序，錄取條件相當嚴苛，需要審慎考慮。讓我們先來看看，若要進入所謂菁英大學或學術研究，相當於總成績的平均點數是多少。如果你想進入哈佛，你需要至少考取學業平均成績四點零，或美國大學入學考試達三十六分，抑或在大學學測中考取兩千四百分。少了以上任何一個條件，你不太可能被錄取。同理，要成爲拉比門下的「塔米頂」，也是這般挑剔與困難。

「塔米頂」需要具備異於常人的經文知識。面對「準塔米頂」，拉比會進行口試，有時會要求學生把一整卷書一字不漏地背誦；有時則專挑些艱澀冷門的問題發問，例如：「在〈利未記〉〈肋未紀〉第十一章裡，上帝的名稱總共出現幾次？」錄取門檻極高，考試的過程更是備受折騰。但這是每一個拉比都會徹底執行的過程，因爲名師出高徒，所以馬虎不得。如果有拉比放寬條件，來者不拒，那便足以證明這個老師實在不怎麼樣。但如果某位拉比門下的高徒各個苦心孤詣，聰明絕倫，則老師不但與有榮焉，身分地位也跟著水漲船高，備受敬重。

所以，這些猶太教師的拉比們，透過嚴格篩選制度來錄取門徒，唯獨耶穌例外。這位拉比耶穌不但沒有設下考試讓學生來申請，竟還主動去邀請學生加入。走到某人面前，邀請他加入，這招實在行不通。拉比怎麼可以如此謙卑得有違身分呢？只有拉比握有拒絕權，怎麼可以本末倒置地甘冒這種被學生拒絕的風險呢？但耶穌不同，祂採取主動權。光是讓馬太加入門徒行列就已經夠匪夷所思了，竟然還是耶穌主動去找他、邀請他加入？祂告訴馬太：「跟從我。」

任何人聽到這樣的事，都會驚詫不已。我相信其他門徒可能也感覺被冒犯了。天啊，收稅的官？他不只是罪人，他靠犯罪手法來生活耶！耶穌在稅務亭子裡找到馬太。當耶穌迎面走來時，馬太心裡預期的是被耶穌厲聲責備或排拒在外。但耶穌非但不怪他，竟還敞開雙臂，發出一份恩典的邀請。

當我的女兒玫根問我們：「你們還愛我嗎？」我的妻子跪在她身邊，輕聲對她說：「玫根，不論你所造成的汙漬有多大，沒有任何事情可以攔阻我對你的愛。」我恨不得可以告訴你，那些汙漬是如何被徹底清洗的，而染漬的坐墊又是如何完美地恢復成白色……。但很抱歉，汙漬依舊長存，而且還會繼續在那兒。但有一件好玩的事發生了。玫根開始跟人分享有關白沙發的汙漬故事。她喜歡讓人看那塊刺眼的汙漬，然後侃侃說起自己的故事。爲什麼？因爲那一度是羞恥、罪疚與怕被拒絕的汙漬，如今已成爲愛、恩典與接納的記號。

我們從何知道馬太成爲稅吏背後的故事？我們又從何知道馬太身邊的大多數朋友是妓女、酒鬼和小偷？這一切都是馬太告訴我們的。他把我們帶進房裡，把沙發上的汙漬指給我們看，然後開始對我們說起他的故事，那個由愛與恩典所鋪成的故事。

當耶穌邀請馬太跟隨祂時，祂已清楚表明，這份邀請不是針對宗教界的菁英分子，不是那些道德高尚的領袖，或兩者兼具的特殊權貴，不，這是爲了每一位像我們這樣，生命裡藏汙納垢的人而量身訂製的邀請。耶穌放棄那些給傑出人士申請的程序，而以一份公開的邀約取代。

你應該看過那些令人怦然心動的汽車廣告：「任何人都可以在這裡買一部車

子！」走近一看，這句話底下有個打星號的小字，寫著三個英文縮寫：「W. A. C.」你知道這三個英文字母代表什麼嗎？答案是：「已授權驗證之信用卡。」

那是汽車經銷商所謂的「任何人」——那些符合資格的「任何人」；那些通過銀行驗證、符合申辦程序的「任何人」。

當我們看到耶穌這句發給「任何人」的邀請時，我們免不了在心裡嘀咕質疑，搞不好背後也有個打星號的小字。即便耶穌的邀請不打星號，但長久以來，我們置身的教會也會在邀請上打個隱形星號。教堂對外的看板上，生動地寫著：「我們邀請任何人、所有人來。」但是當你走近一看，你會找到打星號的內幕。這裡的「任何人」，指的通常是那些看起來幸福和樂且表面上看不出任何掙扎的人。這裡的「任何人」，理所當然不包括那些受困於成癮掙扎的人，也不包括深受離婚之苦的人。這裡的「任何人」，說的是那些衣冠楚楚的人，他們來自某個社經背景的階層，甚至和某個共同的政黨有所關聯，還有，他們對古典音樂有一定的鑑賞與品味。

當我在加州居住的那段期間，我有幾位朋友住在所謂的「門禁社區」內。要進入他們的社區，你必須先通過保全嚴密的警衛室。有一次，我去那裡探視一位朋友，警衛把我攔下。當時我頭戴棒球帽，臉上的鬍子已經好幾天沒刮了；更慘的是，我前幾天因爲玩彩彈射擊遊戲而在臉頰留下一個醜醜的瘀傷。除了外表邋遢，我還開了一部被撞擊過的車子去。是這樣的，我不小心撞上了家裡的郵箱，雖然那不是我的錯，但我得暫時用膠帶把側邊照後鏡固定好。當我把車門打開時，我想車內的音樂可能太大聲了。這一連串的巧合，讓眼前這位警衛對我不懷好意。他沒有說：「歡迎，請進」，也沒有張開雙臂來問候我。當我告訴他，社區內的住戶是我的朋友，我是受邀前去的。他一副不相信的神情，質疑我的說辭。他要了我的名字、住址，還細細盤問我如何認識社區內那位邀請我的朋友。他甚至要我出示駕照，小心翼翼地檢查，彷彿那張駕照鑲了爆炸物似的。最後，他終於打電話給我的朋友，確認了我的身分，這才讓我進去。我知道他對我很不以爲然，也不想讓我進去，因爲他打從心底不認爲我該出現在那個地方。

同樣的狀況，有時也會出現在我們的教會團體裡。我們口頭上說「任何人」都可以跟隨，但我們心裡卻不這麼認爲。最近我收到教會一位女士寄給我的信，告訴我發生在我們教會某一個主日聚會的故事。這是那封信的內容：

聚會開始前五分鐘，一位少婦，看來大概是二十幾或接近三十歲左右，身旁牽著十歲的兒子，朝我的方向走來。她的神情彷若「大燈照射下的小鹿」般，一副耽驚受怕的樣子。她是第一次來我們教會的新朋友，顯然很焦慮不安。我把她帶到小朋友的報到處，讓孩子去上課。我們一邊走，她一邊告訴我，自從六年前離婚後，她之前常去參加的教會便不再歡迎她去。從那時開始，她不再去教會。你可以從她的聲音和語氣中，感受她的罪惡感與恐懼，她非常畏縮緊張。我和她分享自己也曾走過離婚的風暴，同爲單親媽媽，我很能感同身受她所必須面對的困難與挑戰。當她把兒子安置妥當以後，我問她是否願意在聚會時跟我一起坐。聽到我的邀請，她怯弱地問：「……我可以進去一起參加聚會嗎？」她指向教堂內的聚會處，說道：「我不是會友。」我肯定地確認她是我們的一分子。

當我們坐在位子上時，聚會已經開始了，大家站著唱歌。詩歌結束時，帶領敬拜的人開口禱告，說：「上帝，感謝你，不管你把我們引到什麼樣的人生道路，你會救贖我們，而且你總是憐憫與寬容我們……」禱告的第一句話，已讓她情不自禁潸然淚下，緊接著的整場聚會裡，她的淚水不曾停過。我看見她那無以名狀的懼怕與罪疚，漸漸融化，消失殆盡。在聚會的最後階段，牧師你站在前面，呼召並邀請想把自己的生命獻給基督的任何人，到前面來見你。然後我們全體起立唱最後一首詩歌。我從旁觀察她，由始至終，她都因爲焦慮而坐立難安，我猜她應該會立刻轉身去帶她的兒子並直奔停車場。我轉頭準備問她是否要隨即離開，還來不及詢問，她已迫不及待地先開口告訴我：「如果我要回應剛剛牧師問的問題，是不是需要走到前面去和牧師談？」我回答她，那是個重新開始的好地方。她馬上說：「好，我決定要這麼做。」我問她要不要我陪著她前往？她說好，於是我們就走到你的面前了。

我可以告訴你後續的故事如何發展。我向她問安，看見她眼眶裡含淚，她小聲地在我耳畔低語：「我不知道自己是不是可以回應你剛剛提出的問題和邀請。我幾年前離婚了，我之前去過的教會不歡迎我再去。」她被阻擋在大門外，資格不符，不得入內。她的那張沙發坐墊被翻轉過來，有人因此判斷她的那一灘汙漬太大、太髒。

耶穌早已邀請任何人、所有人來跟從祂，當這些人來到教會時，赫然發現，邀請的底部竟打了星號。那個直截了當的星號內容是：「我們不得不讓你進來這裡，因為耶穌要我們這麼做。但是，請注意，我們會特別留意觀察你的一舉一動。」有時不免好奇而揣測，不曉得當耶穌邀請馬太時，其他跟在耶穌身邊的門徒，是不是也帶著這種不懷好意的心態？「馬太憑什麼啊？」「他過去幹過的那些事呢？」「耶穌，拜託，你該不會眞的是讓任何人都可以跟隨吧？」當耶穌說「任何人」時，祂眞的就這麼認定——沒錯，就是「任何人」。

回到原初的場景裡。馬太坐在他的收稅亭子裡，反覆思索這位不一樣的拉比對他發出的邀請。深思熟慮的馬太，當然明白這邀請背後所將涉及的影響。他知道，那意味著放棄所擁有的一切。如果接受，則不可能再維持原有的生活狀態，因爲正面回應跟隨耶穌，意味著要和自己財源滾滾的生意道別。

任何人都可以跟隨，但前提是，不能不放棄一切。

耶穌說：

「來跟從我。」

在〈馬太福音〉（瑪竇福音）第九章九節，記載著馬太極簡短的回應：

即便我們已經決定跟隨耶穌，
我們仍持續需要祂的恩典來幫助我們走這趟跟隨之旅。

「……他就起來，跟從了耶穌。」

如今，人們不再記起馬太曾是失敗者，也不再追究他曾為了生計而出賣靈魂、替羅馬政府工作的不堪紀錄。我們記得的是，馬太是耶穌的跟隨者，是寫成《新約聖經》第一卷書的作者。

有一個重點，我們必須了解，上帝的恩典不只是邀請我們跟隨而已，還教導我們如何跟隨。當馬太揮別自己的過去，轉而走上另一條跟隨之道，不代表他從此變身為完美無瑕的人。差得遠呢！即便我們已經決定跟隨耶穌，我們仍持續需要祂的恩典來幫助我們走這趟跟隨之旅。很多時候，我發現自己活得像個粉絲，但每一個清晨，我都重新領受耶穌那充滿恩典的邀請，就是耶穌對馬太的邀請：「跟從我。」

所以，誰被邀請來跟從耶穌？任何人。

包括過去性生活混亂者？任何人。

包括出獄不久的前科犯？任何人。現行犯呢？任何人。
包括剛離婚的人？任何人。
包括共和黨員？民主黨員呢？任何人。
包括酗酒者？任何人。
包括癮君子？任何人。
包括成癮者？任何人。
包括僞善之輩？任何人。

我不知道你曾否經歷像我女兒玫根的心情，或了解馬太的感受——沙發坐墊被翻轉過來，髒汙的染漬被揭開了。你羞愧不已，完全明白自己將承受什麼樣的下場和後果。但耶穌的話語，字字句句帶著恩典與包容。祂說：「跟從我。」你暗自思忖：「不會吧？有沒有搞錯？難道祂不知道我是什麼樣的人嗎？難道祂不知道我做過什麼事嗎？」祂當然知道，祂知道那些汙穢，所以才走上十字架，以祂的死來把一切汙穢洗淨，清除得比雪更白。正因爲祂的恩典，我們和馬太一樣，站在同一個十字路口。

耶穌如此開始祂對我們的邀請與呼召：「若有人……」我們終將發現，原來，「若有人」就是「任何人」。「任何人」就是我。「任何人」就是你。

非粉絲小見證

哈特雷治的生命故事

人們常叫我「廠主」。有一天當你在啤酒生意上忽然發跡之後，一切關於成功的事，就這麼自然而然的發生了。當我說「成功」，我指的是：財富雄厚，坐擁好幾艘船，第二間大別墅，三部名車。當然，我必須比大多數人花更多時間在工作上，結果是，我很少有機會和家人好好相處，但我不在乎。我覺得一切都在掌控之中。如今回首，我才發現，其實我失去、也錯過了很多東西；只不過，我一直以爲自己正走在大多數人豔羨不已的成功之途。面對婚姻，我覺得日益壯大的啤酒生意比較像是我的妻子。我渾然不知自己正一步步往哪個人生方向走去。

有一天我遇見一位叫阿特的人，從此，我的生命經歷了一場大轉變。阿特是那種很激進的基督徒，專以驚天動地的瘋狂之舉，來吸引那些遠離上帝的人的注意。有一次我在紐澳良的會議現場，看見阿特背著一具超大型的十字架，一點也不誇張。他帶著這個大木頭繞著會場走動，我看見他咬緊牙根、吃力地背著那玩意兒。忽然，阿特轉身，看著我，對我說：「上帝對你的人生有個計畫。」

事情發生之後的三個月，那個畫面以及那句鏗鏘有力的話語，不斷在我的思緒中徘徊不去，無法忘懷。上帝對我的人生有個計畫。那是什麼意思啊？那到底是什麼計畫呢？阿特撒下這顆種子後的兩年，我和妻子受邀參加一場復活節的慶典。我還來不及推辭，妻子已經答應對方我們會依約前往。盛會當晚，我其實興致缺缺，可是當耶穌基督的故事開始上演時，頃刻間，我的內心深處像被針扎了一下。看著耶穌如何爲我犧牲，那份受苦與糾結之痛，令我動容不已。我想起那位阿特仁兄爲了吸引我的注意而辛苦地扛起十字架，我忽然明白了在基督裡的信仰是何等嚴肅之事。我知道耶穌在呼召我來跟隨祂，我也知道那意味著什麼——我必須把事業擱下，同時也得把「廠主」的綽號割捨。若要跟隨祂，則要與我全心投入的事業保持距離。過去，我一直爲自己和我的啤酒事業打拚；但這些日子，我開始爲了成爲耶穌基督的跟隨者而努力。我從未想到像我這樣的人，有一天竟然也加入邀請別人跟隨耶穌的行列；家喻户曉的「廠主」，已成爲耶穌的跟隨者，並設立了基督教電台，透過電台，每一天向成千上萬的受眾散播耶穌的邀請與呼召。

我是哈特雷治，我不是粉絲。

第9章

來跟從我：一份熱情的追求

我想把你帶回情竇初開的愛戀場景，那種心有所屬且迫不及待想向對方表白的心情。那一年，對大部分人來說，大概是介於小學五年級至國二之間的年紀吧。

最早最早，小學一、二年級時，我們開始意識到男生與女生之間的差異。那些迪士尼動畫與電影，早已教會了我們男生和女生會彼此吸引。但是，我們不但沒往這方面想太多，還會抗拒這種感覺，也明哲保身地不敢介入任何「男生愛女生」的玩意兒，並且認爲那種關係「好噁心」。年紀漸長，你開始納悶，那些「噁心的人」怎麼越來越可愛了？曾幾何時，你竟開始深深被他們吸引了。你心動了，但面對他們時卻又不知所措。於是，這次我們不再嫌棄他們噁心，我們誓言「要他們好看」，因此，我們開始以打打罵罵來表達我們的熱情，以惡作劇來引起異性的注意。事情一步步慢慢演變，從「好噁心」到「要他們好看」，最終，你暗自決定：「無論如何，總要從那群人裡給自己找一個。」

在我小學五年級時，就曾見證身邊好友經歷這趟奇異的轉變過程。他是我的好朋友奈特，我經常看著他欺負班上一位女生。奈特和我住在同一條街上，我們不但是同班同學，下課後更是形影不離的死黨。我們一起騎腳踏車上下學，夏天一起去游泳，冬天一起玩雪橇。但一夕之間，天地變色，奈特有女朋友了。身邊其他死黨一致認定奈特瘋了。我們完全搞不懂，爲什麼他會放棄跟我們一起玩任天堂遊戲、而花時間和那個女的「煲電話粥」？看著他竟然在班上傳愛的紙條，頓覺不可思議。搞什麼啊？午休的餐桌上，我坐在奈特身邊，看著他全神貫注埋頭寫情詩給女友，我只能在旁邊搖頭嘆息，百思不解。直到有一天，又是午休時間，當大夥兒在踢足球時，奈特竟陪著女友在玩「拍拍手」的遊戲，長期的不解與忍耐終於引爆。我們一群小五的男生組成「干預小組」，決定要以具體行動來讓奈特清醒，要讓他知道自己的執迷不悟有多愚蠢。於是我們當眾對他曉以大義：「奈特，你一心想做有些事情，得要自己走過以後，才能感同身受。
過去不明所以的事，當你遇上了，便了然於心。

的就只是跟她說話，還有寫信給她。你把修剪草坪賺來的辛苦錢拿去買時尚名錶送她。你知不知道自己在做什麼？你像個俗不可耐的老男人！你到底怎麼了？你這是在羞辱你自己！」奈特急著要讓我們知道他的感受，但我仍對整個過程感覺不可理喻、莫名其妙。

不久，事情開始有些改變。有一天，新學年開學的第一天，我坐在位子上處理自己的事，同班女同學凱莉走進教室。四目交投時，頃刻間，奈特所經歷的一切，我完完全全明白了。困惑多時的我，終於豁然開朗，人生是如此美好與充滿希望。其實，凱莉不是新來的同學，但那個夏天肯定發生了什麼神奇的事，然後我告訴自己：「無論如何，總要想辦法給自己找一個。」我終於明白，有些事情，得要自己走過以後，才能感同身受。過去不明所以的事，當你遇上了，便了然於心。

有關耶穌邀請我們跟隨祂的另一段經文，記載在〈路加福音〉第九章。對跟隨者而言，這段話不難理解；但對粉絲來說，則顯得有些荒謬瘋狂了。耶穌在〈路加福音〉第九章二十三節裡清楚定義了祂所求於我們的關係。祂直截了當說明跟隨者的意思：

「若有人要跟從我，就當捨己，天天背起他的十字架來跟從我。」

我想請你注意這三個字：「來跟從」。這三個字最常被引用在一種浪漫的關係上。當耶穌說：「來跟從」，祂指的是對你所愛慕之人的熱烈追求。我們有多麼渴望與心愛的人建立浪漫而深刻的關係，以此作爲參照比較，便可完全體會耶穌對我們這些跟隨者的期待。一如我的好友奈特，我們都曾經在追求愛情時做過一些邏輯不通又非理性的事，那種強烈的追求，幾乎占據了我們所有的思緒，耗盡了我們的資源與體力。而那正是耶穌對跟隨者發出「來跟從」的邀請時，心裡所渴想的關係。

瘋狂的愛戀故事

在眞實世界裡，最驚心動魄的情感，莫過於對愛情的追求。我們每一天所接觸的資訊，不斷強化浪漫的愛情才是人與人之間最極致的經驗。關於愛情的追求與探討，永遠是書籍文字裡最暢銷的議題，歷久不衰。愛情更是無數偉大藝術創作與詩詞的靈感泉源，是許多電影不可或缺的動人情節，也是大部分歌曲的主題。誰能忘得了一代天后惠妮休斯頓唱的那首經典名曲《我會永遠愛你》？那首由席琳狄翁唱的《鐵達尼號》主題曲《愛無止盡》，紅遍全球，想刻意忘掉也難。披頭四的那首《而我深愛她》、盲人歌手史提夫汪達的《你是我生命中的陽光》……。還有，聽聽著名的搖滾歌手「肉塊」（Meat Loaf）那首膾炙人口的《願意為愛做任何事》。他唱出愛的代價，他願意為愛而赴湯蹈火——「我願意為愛做任何事，我可以為此往返地獄。我願意為愛做任何事……但我不會做那件事……」我至今仍搞不懂最後「那件事」是什麼事……不會做什麼事？共享一支遙控器？把馬桶蓋放下？拔眉毛？改名字？雖然我不清楚「肉塊」不會做哪件事，但他會為愛做很多事。記得嗎？他說會為了愛而往返地獄。

對浪漫愛情的追求，會讓我們做出轟轟烈烈、癡心瘋狂的事。當我和即將成為妻子的女友約會時，有一次，她開著我的車子到距離大學一百三十公里外的地方探望家人。她才離開一天，卻如隔三秋，我思念不已，一心想和她在一起。我半夜醒來，想她想得輾轉難眠。我迫不及待要面對面向她表達愛意。我必須做些什麼來解決我的思念。我的大學好友就睡在另一張床上，我把他搖醒，告訴他，我因思念而受苦，但他無能爲力，因爲他沒有車子。忽然，我想出了個妙計，我告訴他：「我們騎腳踏車到她家，你覺得怎麼樣？」

他完全醒了，但問題依舊沒有解決，因爲我們沒有腳踏車。老友提醒我，校園裡有腳踏車棚，或許……。我們後來決定去「借」兩台腳踏車，展開我們的瘋狂旅程。

我對腳踏車的知識近乎空白，見到第一台，當場抓著就上路了，後來才知道那是大賣場的清倉品。這趟跋涉一百三十公里往堪薩斯的旅程，一路要頑抗狂吹的疾風，可想而知，這台陽春腳踏車肯定不是個明智的選擇。勉強騎了幾個小時以後，我們決定把腳踏車停靠路邊，躲進低窪處，休息補眠。睡得正熟之際，巡警路過，把我們當可疑分子，抓起來接受盤查。巡警以他的靴子往我肩膀把我踹醒，我至今仍記得他問的每一個字：「你們兩個男人吸食了什麼嗎？你們在幹嘛？騎腳踏車橫跨堪薩斯？」

我試圖解釋：「我要去找我的未婚妻。」巡警冷冷地瞥一眼，搖搖頭，上警車，走了。他一定以爲我瘋了。我猛然想起小學五年級時曾經對死黨奈特的不屑，他要是看到我當下這副狼狽樣，不知做何感想。

當我們終於排除萬難趕抵堪薩斯時，妻子的反應跟那位巡警幾乎一致，她覺得我未免太白癡了。但我不管，因爲當我看到她的那一刻，我覺得一切都値得。我還可以告訴你其他牛打的精采故事，讓你知道我是如何瘋狂地追求我的妻子。我可以告訴你，我如何在夏日烈陽下替人搬家具賺取微薄薪資，但只要一想到這些血汗錢最終可以換來一枚結婚戒指，我便甘之如飴，不以爲苦。我可以告訴你在大學時期，我如何挑燈夜戰，熬夜替她完成三十頁的研究報告，讓她準時交出去。我可以告訴你，我爲了給她買一打玫瑰而不惜捐血賺錢。像這樣不惜代價「跟從」妻子、追求妻子的例子與感人故事，簡直是族繁不及備載，說不完。有時候回頭看那段年少癡狂的過往，雖然肉麻，但仍不免感嘆愛情爲何物，直教人生死相許。我耗盡精神體力去追求她，想方設法贏得她的芳心，這份辛苦得來的愛情，說什麼也不會放棄。但你知道嗎？回頭來看我與耶穌基督的關係，我竟找不到類似驚天動地的故事和例子，來說明我對耶穌的渴想與追求。即便想到一兩個故事，但也乏善可陳。

跟隨者需要一些「跟從」耶穌的故事，那些讓人一聽就搖頭直嘆「太瘋狂」的故事。許多粉絲鮮少從這個角度來思考與耶穌的關係。他們以爲，跟隨祂只不過是週末的休閒活動之一，行禮如儀，不必太認眞。你也許會丟幾個小錢到奉獻袋，或心血來潮自願站在門口發程序單，僅止於此，逾界不理。實際上，那已經是你所能做的極限了。但耶穌所定義的關係，卻不是這樣。

耶穌在這裡清楚載明，追求祂是需要獻上一切、付上代價的。耶穌在〈馬太福音〉（瑪竇福音）第十三章，以「無價的珍珠」來比喻這趟追求之路，也讓我們更深入了解，當耶穌在呼召我們跟從時，祂心裡到底是怎麼想的。

「天國好像寶貝藏在地裡，人遇見了就把它藏起來，歡歡喜喜地變賣一切所有的，買這塊地。」（〈馬太福音〉13：44）

在《聖經》的時代，人們習慣把珍藏品埋在地裡。對他們而言，地底下是相對較安全的地方，尤其在戰亂或政治局勢不穩定的年代。而這樣的狀況也時有所聞：有人把重要物品埋在地底下後，外出打仗時戰死沙場。耶穌以此背景進一步詳述，多年以後，一名耕田的僱工無意間發現了地底下的寶藏。他停下來，把寶藏挖出來，擦一擦，打開盒子。哇，他簡直不敢相信眼前的情景。價值連城的珍珠寶石在陽光照射下，金光熠熠，幾乎睜不開眼了。他心跳加速，興奮得不能自已。四下無人，他趕緊把手上的寶藏小心翼翼地埋在原處，若無其事地繼續工作。但他如何能平靜呢？他的一顆心已經開始展開計畫，佈局周詳，確保萬無一失。他非把這塊地買下不可。當晚，他開始清算自己的家當，準備要變賣一切——房子、牛群、牲口拉車。身邊的家人和朋友開始竊竊私語了，甚至公開數落他，說他瘋了，完全不合

粉絲會小心翼翼地明哲保身，
以免太認真，但跟隨者則不然。
他們明白跟隨耶穌是一份不計代價的追求，
但卻是一生中最超值的投資。

常理。但事實上，誰曉得，這極有可能是他這輩子所做過最物超所值的投資了。

有一天，當我們赫然發現自己在耶穌裡的生命是何等寶貝時，我們會像這位發現寶物的人一樣，迫不及待要變賣一切以換取無價珍寶。粉絲會小心翼翼地明哲保身，以免太認眞，但跟隨者則不然。他們明白跟隨耶穌是一份不計代價的追求，但卻是一生中最超值的投資。跟隨者會爲了愛而癡狂，但粉絲知道如何保持清醒、適可而止。

粉絲的伎倆：與耶穌同居，就不用付出承諾

粉絲有一種普遍心態：他們擔心一旦太投入，便無法抽身；他們不想錯失一些東西，他們只想淺嘗即止，不想因爲太認眞而受傷或受苦。享受一切唾手可得的好處，但最好不需爲此犧牲任何事物。

我們不但沒有「放膽跟從」，還「裹足不前」。我們並非不願意和耶穌建立關係，反之，我們非常願意，只不過我們希望代價不要太大。回到之前說的浪漫關係

的比喻，那情境就像一個男人與女人開始約會，彼此都認眞交往一段時日以後，女方開始想結婚了。男人深愛她，也不想失去她，但他就是不想定下來，不想結婚。他擔心一旦做出結婚承諾以後，許多責任與義務，會讓他因此失去那些捨不得放棄的種種方便與優勢。於是男人建議：「嘿，我們可以同居啊！」這句話的直譯是：「讓我享有一切結婚的好處，但又不需要爲此做出任何承諾與犧牲，你不覺得這是個妙計嗎？」

這就是粉絲的典型策略。粉絲對耶穌說：「嘿，我們可以同居啊！」

有一本嘲諷時事的雜誌《門》（*The Door*），裡頭有一篇由作者丹尼爾．莫菲（Daniel Murphy）撰寫的文章，建議未婚的同居男女也需要立下共同遵守的「同居誓言」：

我，約翰，願意娶你，瑪麗，作爲我的同居伴侶，共同履行性愛責任，共同分擔帳單。順境時，我一定會在身邊；但逆境時，我不保證會守候在側。如果你感冒了，我會跑到附近藥局給你買藥；但如果你病得無法再滿足我的需求，我應該會搬出去。只要我們之間感覺不錯，我會放棄其他異性，盡我所能對你忠心。但如果我們最終必須分道揚鑣，請記住，你在我心目中仍是重要而特別的那一位。我會遵守以上共識，與你一起同居。

要粉絲對耶穌做出類似的誓言，恐怕會讓他們覺得有罪惡感。「我會跟隨你，只要一切順利，而且你得堅守到最後。」「我會跟隨你，只要你不對我要求太多。」我們總是不敢毫無保留、全心全意地熱情追求耶穌，因爲我們擔心承諾所帶來的責任與承擔，會逾越我們給自己設下的底線，包括精神體力、時間與金錢的付出。

在「無價的珍珠」比喻中，那人變賣他所有的產業，爲要得著那盒寶藏。你是否留意到，當他準備變賣產業時，他的反應如何？

「……歡歡喜喜地去變賣一切所有的，買這塊地。」

爲那珍寶而犧牲放棄他原來所有的、給他帶來無法言喻的喜樂，因爲他確信，這一切太値得了！

耶穌問：「你是眞心喜歡我嗎？」

請記得，耶穌的這一番話是一份邀請，而非命令。耶穌發出「跟從我」的邀請時，祂用的第一個字是「若」。顯然，那與「選擇」有關。有關愛的最主要原則與基本共識就是：不得勉強。如果你嘗試勉強某人來愛你，保證你會吃閉門羹。有些粉絲沒有起而跟隨耶穌，其中一個原因是他們從來沒有機會爲此做選擇，因爲在他們成長的過程中，他們不斷被要求成爲跟隨者，並爲此承受許多壓力。

這些粉絲從來沒機會主動追求，因爲他們一直被要求。或許那也是你的眞實寫照。

你的父母讓你在襁褓中便接受幼兒洗禮，但是按著個人意願，你從未想要跟從耶穌。也或許，被稱爲基督徒、每週日準時去教會，一直是你的家庭傳統，你也從未享有「因爲想去教會而去教會」的機會——是媽媽要我去的；爸爸說我一定得去。即便已經長大成人，你仍隱隱感到那種非去不可的壓力。你來到教會是因爲家人喜歡你這麼做、希望你這麼做。如果你願意坦誠面對，你一定會承認，自稱爲基督徒實在是情勢所逼，不得不如此。換個角度來想，如果不這麼做，別人會怎麼說你？你根本就不曾追求耶穌，根本就不曾想要與耶穌建立關係；你只不過是利用祂來維繫其他你所在乎的人際關係。

追求耶穌是你的選擇，如果你點頭接受這份邀請，請留意耶穌毫不保留的聲明。祂所求於你的，是你生命中全部的愛與追求。在教會裡，我們有時會聽到有人說起「上帝（天主）要你的時間」，或「上帝要你的金錢」，抑或「上帝要你的敬拜」。關於這樣的言論，你到底了解多少？

上帝絕非「需要」你的時間。祂自己就是時間，從始至終都是。上帝絕非「需要」你的金錢。山嶺上成千上萬的牛羊都是祂的。上帝如果眞的需要你的錢，祂會直接拿去。上帝也絕非「需要」你的敬拜。《聖經》上說，石頭與樹木都要發聲歡呼。我們談論這些事，絕非上帝需要或想要這些東西，而是祂需要你。祂要你的愛。祂渴望你熱切地追求祂，而那些外在的要求，不過是因著愛而自然發生的事。那些事——你的時間、你的金錢、你的敬拜，只是一種外在記號，探觸你對耶穌的愛是不是已然超越這一切外在要求。

一位旅居國外許久的年邁宣教士，返回美國中西部故鄉與他已婚的女兒一同生活，準備在此安度晚年。多年以前，我曾聽過他的見證分享。當飛機抵達加州時，他坐上長途巴士，準備他的跨州旅程。第一晚，巴士停在拉斯維加斯。他已經離開美國超過三十年，從未到過拉斯維加斯。他下榻一家旅館，然後到處走走。當時已是深夜時分，但燈火通明，猶如白日。一路所見所聞，盡是震耳欲聾的音樂、富麗堂皇的飯店，甚至在汽車展上見識到全球最精緻的自行車。賭場內各樣新鮮的玩意兒，目不暇給，還不時聽到銅板掉落的響聲。他看見飯店外不斷放送各種新奇的娛

引燃一切熱情的愛與追求的最大動力，
最好從源頭探究起——
認識耶穌對我們的愛，是何等深切與全面。
因為深深被愛，所以我們能愛。

樂節目，還有高級餐廳外各類飲品的介紹與令人垂涎欲滴的美食廣告。然後，他回到下榻的高樓層飯店。走進房間時，他沒有開燈，卻把窗簾打開。在無比寂靜的房裡，他對著窗戶跪下，俯瞰燈火輝煌的賭城風光，從內心深處、天堂般的眞光中，發出這樣的禱告：「上帝啊，我今晚見識了前所未見的事物，但也讓我更確定，我愛你比這一切更深。」

引燃一切熱情的愛與追求的最大動力，最好從源頭探究起——認識耶穌對我們的愛，是何等深切與全面。因爲深深被愛，所以我們能愛。〈約翰一書〉（若望一書）中這麼說：

「我們愛，因為神先愛我們。」（4：19）

世界上最瘋狂的「跟從」，莫過於上帝讓自己成爲肉身，來到世上，爲我們死。祂採取主動，對你展開追求。如果我們能全然明白祂對我們的愛是何等深不可測，我們的心會徹底融化。我們愛祂，是因爲祂先愛我們。

失去愛的感覺

如果你是個想要跟隨的粉絲，但你的心卻不同意，你會怎麼做？你想要熱切地追求耶穌，但擺在眼前的事實是，你欲振乏力，冷漠無感。你對自己這樣的狀態甚爲不滿，但卻不由自主。我最近開始著手進行有關「七種致死之罪」的研究。這些罪狀從不曾在《聖經》的任何經卷裡一條一條列出，但我實在對此感到無比好奇。那是一個識字率低、文盲比例相對高的世代，人們看不懂《聖經》，因此，許多受教育的教會領袖聚在一起，想辦法把一些罪狀一條條列式出示，讓當時的百姓有所警惕，以免犯罪而不自知。

當我詳讀那七條致死之罪時，其中一個罪狀大大出乎我的意料之外，他們竟把「怠慢」也列入其中。坦白說，我從不覺得「怠慢」足以致死。我向來把怠慢視爲懶惰。譬如說，我家電視一直停留在某個特定頻道，理由很簡單：找不到遙控器，因

或許在你人生某個階段，
你也曾經滿腔熱血地跟隨耶穌，
但曾幾何時，熱度減弱，激情不再。

爲走到電視機前面用手去切換頻道，對我而言未免太費力。我當然知道懶惰不好，但不足以致死吧？我後來發現，原來此「怠慢」是從「漠然」（acedia）直譯過來的詞彙。或許，「怠慢」無法完整闡明此字的原意，而最貼近初代教會領袖所要表達的意思應是：「靈性上的漫不經心。」上帝對你的愛超乎你的想像，祂爲了赦免你的罪，甚至差了祂的兒子來爲你死在十字架上，而你卻聳聳肩、不以爲然地回答：「管它的，我根本就不在乎。」這就是漠然，而這也是粉絲之間的共同症狀。

熱情消退了，不再急起直追。或許在你人生某個階段，你也曾經滿腔熱血地跟隨耶穌，但曾幾何時，熱度減弱，激情不再。那正是發生在以弗所（厄弗所）教會的情境。〈啓示錄〉（默示錄）記載了耶穌對這間教會的責備：

「然而，有一件事我要責備你：就是你把起初的愛心離棄了。所以應當回想你是從哪裡墜落的，並要悔改，行起初所行的事。你若不悔改，我就臨到你那裡，把你的燈檯從原處挪去。」（2：4～5）

這段經文說，這間教會把起初的愛「離棄」了。其他《聖經》譯本把這詞彙譯成「遺失」或「離開」起初的愛。那份愛，指的是對上帝失去了狂熱與積極的情感。在〈耶利米書〉（耶肋米亞）第二章二節，上帝告訴祂的百姓，祂記得「你年輕時的恩愛，新婚時的愛情……」。你與上帝的蜜月與愛情，不該消失。

當你發現自己陷入漫不經心的淡漠狀態時，你會怎麼做？當你一方面想要對耶穌熱切地急起直追，但卻心不由己，你該怎麼辦？請留意耶穌對以弗所教會的提醒。耶穌說，要悔改，去行你起初所行的事。

一對夫妻進入婚姻一段時間以後，原初的浪漫感會逐漸被沖淡，那是極其自然的事。或許彼此對婚姻的承諾與承擔依舊強烈，但激情卻逐日消退。想要重燃愛火，最有效的方法是，「像過去那樣」，重新展開追求。丈夫像過去那樣，給妻子買花示愛；妻子也像過去那樣，給丈夫寫情書。她為悅己者容，而他則費心安排約會。當他們對彼此展現超乎尋常與付出代價的行動、愛和奉獻之際，許多感受與熱情便會慢慢回溫。

那是與基督的關係重燃愛火的最佳時機。爲一切生命中的漠然冷淡而悔改，然後，做你最初所做的事。像過去那樣，跪在床前，告訴上帝你每一天的生活與種種。扭開車裡的敬拜音樂，跟著唱。拿起那本「一年翻閱一次」的《聖經》，開始閱讀並默想上帝的話語。這一切將讓你即將熄滅的火焰，重新被點燃。我還要挑戰你在週日清晨早起到教會去，與一群熱切追求耶穌的跟隨者一同聚集，我相信你會被他們的熱情感染。重新與上帝立下愛的誓約，熱切地追求祂。大衛（達味）如此形容他對上帝的情感：

「我心緊緊地跟隨你……」（〈詩篇〉（聖詠集）63：8）

耶穌在〈路加福音〉第九章，以浪漫關係的類比來形容祂對跟隨者所要求的熱情，也透過這段經文來描繪上帝渴望與我們建立的親密關係。除了〈路加福音〉這段經文，類似的比喻手法，也貫穿整卷《聖經》的《舊約》與《新約》經文。爲什麼上帝選擇以夫妻之間的愛來闡述或類比祂與我們的愛呢？我所能想到的理由是，那是我們最能理解、充滿熱情的愛。而事實上，祂所渴望與我們建立的情感，是比人世間的夫妻之愛還要更深厚、更豐盛的情與愛。

每一次當我返回故鄉探望家人時，我會陪著祖母到墓園去探望祖父的墓碑。祖父的墓碑旁是一塊空地，上面立了個牌子，那是爲祖母保留的位子。牌子上已經刻好祖母的姓名與出生年月日，而她離去的日期暫時空白，等日後離世時再補上。她其實可以坦誠相告，自己已經預備好那一日的來臨。其實，自從祖父離世以後，祖母和以前不再一樣。他們婚後一同生活了將近六十年，祖母非常思念她的老伴。我們站在祖父的墓碑前，祖母喃喃說起自己的孤單與思念。她告訴我，夜深人靜時，經常不自覺地起身找他，有時候甚至會對著另一個房間呼喚老伴的名，就像過去經常叫他那樣，改不了的習慣。我們佇立良久，沉默了一段時間，祖母忽然說：「我已經準備好了。我已經準備好要回家……」我知道，接下來祖母脫口而出的那句話是什麼，她會說：「回家和你祖父一起。」她肯定會那樣說。他是祖母心中的摯愛。她愛他勝過一切，毋庸置疑。不過，出乎我意料之外，祖母不是說：「我已經準備好要回家和你祖父一起」，她說的竟是：「我已經準備好要回家和耶穌一起。」

那是跟隨者的心。

非粉絲小見證

郝威思的生命故事

我要說的故事主題，不是我如何追隨耶穌，反倒是祂如何追求我。《聖經》告訴我們，我們愛耶穌，是因爲祂先愛我們。這句話正是我的眞實體驗。我對耶穌基督的尋求，源於祂主動而持續不斷地緊抓著我，且對我鍥而不捨。

有機會和所謂「教會的人」接觸，只有一個理由：因爲我想在颶風重創紐奧良之後，前往那裡協助進行重建工程，而當時教會已進入災區著手推動重建計畫。我曾經在本地參與人道救援的工作，若能到重災區提供援助，雖然挑戰很大，卻極具意義和價值，肯定會讓我覺得充滿成就感。而且聽起來應該也會很好玩——除了必須和一群教會的人一同進出。我記得小時候曾去過教會，但僅止於「記憶」，其餘則完全空白。其實，我對宗教信仰向來興致缺缺，面對自己被一群教會朋友圍繞的感覺，令我有點措手不及和緊張，這趟旅程恐怕會壓力不小。我不想被人識透我的生命，並非我有什麼不可告人之處需要遮遮掩掩，我只是不喜歡把屬於我自己的生命狀態，攤開來讓別人挖掘。

旅途中，團隊安排了一起到教會的行程。我在約定好集合的時間故意放他們鴿子，自個兒到紐奧良各處遛達逛逛，走著走著竟迷了路，最後不得不返回住宿的地方，而那時大夥兒剛好準備要出發。大家央求我跟著他們一起去，我勉強妥協。當我們到教會時，那些聚會的程序、牧師的信息與敬拜等內容，坦白說我知道的不多，但當牧師邀請群眾，也就是想進一步認識耶穌基督的朋友，可以到台前來，我竟站起來，離開座位，走上前去。

之後，我在紐奧良的蓬查特湖接受洗禮。當我從水裡站起來時，我感覺自己不再一樣，彷彿換了個新人，脱胎換骨了。那無法言喻的喜樂層層圍繞我，當我回到家時，我迫不及待與身邊的家人和朋友分享我的洗禮。從那次以後，我發現自己終於找到這輩子尋覓已久的平安。這一切的轉變如此奇妙，耶穌竟透過一個災區的重建計畫吸引我的注意，找到我。我很感謝上帝，祂不僅想要重建紐奧良，祂也想要重建我的生命。祂追尋我，找到我；如今，我已成爲熱情追求祂的跟隨者。

我是郝威思，我不是粉絲。

第10章

捨己：完全放下

去年夏季的某一天，我在健身房裡，站在一台橢圓形、面對大型窗戶的健身器材上。我望向前方的停車場，看見許多上班族在下班返家前，停好車子，準備先到健身房來運動。幾分鐘後，我瞥見一名魁梧的壯漢，費盡九牛二虎之力，把自己肥胖壯碩的身體，從一輛小型轎車裡猛地抽身而出。他身著正式衣服，應該是剛從辦公室直接過來這裡。當他把健身包包拿出來掛在肩膀上準備離開車子時，似乎想起什麼忘了拿，再度屈身進去車內——終於拿到手了！一支紅色小湯匙，插在一個杯子上。你猜是什麼？當他走上來準備健身時，我和他隔著一道玻璃門，我正好來得及親眼目睹他把「冰雪皇后」冰淇淋的最後一口冰風暴，含在嘴裡吃完。我幾乎可以確定那是含甜酥餅乾的冰淇淋。他隨手把冰淇淋空杯子丟掉，從容走進健身房，展開他的體能鍛鍊。他想要擁有標準的體型，但顯然捨不得自己的最愛。

那也是粉絲想跟隨耶穌的心態。粉絲欣然接受耶穌的邀請，也想要努力跟隨耶穌，但他們就是無法拒絕自己。在〈路加福音〉第九章二十三節，耶穌清楚指明，若眞要跟隨祂，一個確定又決然的附加條件是：

「若有人要跟從我，就當捨己……」

你不能想「跟隨」耶穌，卻又不肯捨己。這裡的「捨己」，不只是一種「拒絕自己」的概念，也不是自我抵制，這裡的意思是，你甚至不承認、不認可自己的存在。基督徒指的是相信耶穌的人，這方面我們已經談過很多了，但對於「捨己」，我們卻著墨不多。不過，這眞是個不討喜的信息啊！在一個高舉自我肯定的文化下，要怎麼捨己呢？

在〈馬太福音〉（瑪竇福音）第十九章，我們要和一位不具名的人見面。雖然沒名沒姓，但我們從幾卷福音書的記載與相同的內容中，知道他是個「富裕又年輕的官」。他爲自己鋪展了一條累積錢財與權力的道路，那是許多人不惜一切代價想追尋的人生目標。這位仁兄帶著一個問題來找耶穌。在十六節，他問道：

「夫子，我該做什麼善事才能得永生？」

這是個值得嘉獎的好問題。他想要知道如何進天堂？從他問問題的角度，就可一窺他典型的粉絲心態。他問說「我該做什麼」，這幾個字的另一層涵義帶有「取得」或「賺取」的意味。他暗自籌算，進天堂一定得具備非常亮眼的推薦函吧。然後，耶穌回答這位少年人的官，告訴他該怎麼做。在二十一節，耶穌說：

「去變賣你所有的，分給窮人，就必有財寶在天上；你還要來跟從我。」

耶穌邀請這位富人來跟從祂，但要求他首先去變賣所有的財物，分給窮人。他面臨重大抉擇：跟隨耶穌，或保留他所有的一切，二擇一。無法捨己，就無法跟隨耶穌。

很多人喜歡把這段經文解讀成與金錢有關的故事，但其實更核心的主題是與跟隨耶穌有關。耶穌把這位富人置於兩難之間，他站在十字路口——他當然可以延續追求財富的道路，他也可以選擇放棄一切、跟隨耶穌；他只能選一個，無法兩個都要。

這對我們的提醒和意義是什麼？難道變賣一切所有的，是跟隨耶穌的必要條件？或許是。其實，我很想這麼說，如果耶穌對這位富人的挑戰令你想要抗辯或感覺不舒服，那麼，耶穌的這番話極有可能是對你說的。有一個事實是我們無法規避的：每一位想要跟隨耶穌的男女，最終都會發現，自己竟與〈馬太福音〉第十九章的這位主角走向同一個十字路口。你若要走向跟隨耶穌的這條道路，就一定得轉身離開另一條路徑。這位富裕的年輕人想要跟隨耶穌，但是當他被迫面臨抉擇時，跟隨耶穌或保有財富，他選擇了後者。他沒辦法捨己。你呢？你的選擇是什麼？

活在捨己中

幾年前，我曾經深入非洲幾個不同族群的區域，在那裡傳講信息。有一晚，我對著數十個人講道，和他們分享基督信仰的福音，並邀請他們來跟隨耶穌。有兩位年輕人，約莫二十歲左右，決定接受耶穌基督並立志要跟隨祂。隔天下午，這兩位年輕人的肩膀上各自扛著一袋東西，出現在我們住的地方。我問同住的當地宣教士，他們為何而來。宣教士向我解釋，這兩位年輕人已經無法立足於自己的家族與村莊，無法再被自己的群體接納。我一聽，頓覺不妙，心想這下可好，代價這麼大，他們一定無法在信仰上堅持太久。我話還沒說出口，宣教士轉頭對我說：「當他們決定要跟隨耶穌時，就已經預料會有這樣的下場。」

在家庭與耶穌之間，他們選擇耶穌。他們寧願捨棄了自身的舒適與方便，也要選擇耶穌。這是粉絲辦不到的事。

不管那背後的代價有多大，
一個真實的跟隨者，
每一天都要不斷地捨己，立志選擇耶穌。

跟隨者願意捨己，且說：「我選擇耶穌。我選擇耶穌更甚於家庭。我選擇耶穌更甚於金錢。我選擇耶穌更甚於職場目標。我完全屬於祂。我選擇耶穌更甚於醉酒。我選擇耶穌更甚於色情刊物。我選擇耶穌更甚於美輪美奐的房子。我選擇耶穌更甚於我的自由。我選擇耶穌更甚於別人對我的觀感。」不管那背後的代價有多大，一個眞實的跟隨者，每一天都要不斷地捨己，立志選擇耶穌。

當我們每一天都爲了基督的緣故而自我犧牲與捨己，那便是眞愛的最佳明證。負責任的眞愛，往往以犧牲與行動來展現。當我們爲了所愛的人自我犧牲與捨己時，眞愛就顯露無遺了。有一位朋友告訴我，他如何從一件事體會到妻子對他毫無保留的愛。有一次，他走進廚房想找東西吃，然後在餐桌上看到食物。當時，他的妻子背對著他正準備把汽水倒進兩個杯子裡，一杯是他的，另一杯是妻子自己的，而妻子自始至終不知道他在後面留意觀察她的一舉一動。妻子拿出一瓶已經喝過的瓶裝汽水，然後把早已沒有氣泡的剩餘汽水倒進一個杯子裡，另外再把新開瓶的汽水倒進另一個杯子裡。一切就緒後，他坐在餐桌上，心想：「那杯沒冒泡的汽水會放在我面前，或是老婆的位子？」當他看著妻子把那杯沒冒泡的汽水放在她自己的位子上、而把新鮮冒著氣泡的那杯給他時，這位老友告訴我，他從未感受到如此強烈而溫暖的被愛。

跟隨耶穌，沒有例外條款

粉絲喜歡用一種不必捨己的方式來跟隨耶穌，那就是把自己的生活分割成不同領域，以投機取巧的手法來攔阻耶穌插手或介入。他們嘗試把一些交易條款列入談判內容，七折八扣，討價還價——我會跟隨耶穌，但我不會變賣產業。不要叫我去原諒傷害我的人，他們不配獲得寬宥。不要叫我等到結婚才有性行爲，我控制不了我的慾望。不要叫我把收入的一小部分列爲奉獻，那是我勤奮工作的辛苦錢。在經濟生活上，他們追崇的是財經雜誌而不是耶穌；在人際關係上，他們寧願跟隨歐普拉的脫口秀節目也不願跟隨耶穌；在性生活上，他們追隨的是時尚雜誌的觀點而非耶穌。

不能說他們不跟隨耶穌，他們也跟隨的，只不過是選擇性的跟隨，而非生活各個層面的投入。在《論盡基督徒》（*UnChristian*）這本書，作者巴納（Barna）的研究報告指出，年齡層介於十八歲至四十二歲之間的美國人當中，有百分之六十五認爲「曾經立下跟隨耶穌的決志，至今仍非常重要」。單就這份數據的表面意義而言，確實振奮人心。但是，這當中到底有多少是眞正的跟隨者？我會質疑，是因爲這當中只有百分之二十三的人認爲婚姻以外的性行爲是錯誤的、只有百分之十三的人覺得酗酒是罪……一長串令人憂心的數據不勝枚舉。換句話說，有百分之六十五認定他們是跟隨耶穌的人，但這當中大部分的人並沒有在生活各個層面，以實際行動跟上他們的心動。耶穌從未在跟隨祂的道路上，提供開放式的選擇題。不，向來就沒有任何例外條款。你不能說：「好，我跟隨耶穌；但關於生活的這個層面，抱歉，我堅持自己的方式。」如果你稱自己是基督徒，按著字面定義，你是個在生活各個層面都決志跟隨耶穌的人。這不是說你得要成爲完美無瑕的跟隨者，只不過你也不能分裂地一邊承認自己是基督徒，一邊卻同時對某人、在某處、做某些事時拒絕跟隨耶穌。

有一次，我完成了教會週日的講道後，走進一間教室。那是專爲聽完信息之後有意成爲基督徒的朋友特別預備的教室，裡頭還有一些教會的陪談員，他們特別留下來幫助一些剛剛決志成爲基督徒的新朋友。我觀察到一位與陪談員對話的女士，神色不悅，一臉惱怒。她身旁的丈夫或男友不斷安撫她。我走過去想一探究竟。原來她和男友決定要加入我們的教會，成爲會友，但他們已經同居一段時間。他們被告知有關《聖經》對婚姻的教導與原則，婚約以外的性行爲是不被允准的。陪談員問他們是否願意爲同居的罪而悔改，並同意在結婚前不再同居。這對情侶爲此而氣憤難平。了解原委後，我坐下，試圖向她解釋，「你其實不必爲了成爲基督徒或爲了成爲教會的一員，而讓自己的人生百分百完美，但至少你需要爲了自己的婚前性行爲而認罪悔改。」她拒絕接受我的解釋。他們想要被稱爲基督徒，但卻不願爲此付上代價來跟隨耶穌。

我曾經在《有線電視新聞頻道》（MSNBC）看過一個針對新興素食人口的

調查報告。他們採訪一位素食者，二十八歲的普佑。她說的一句話，反映了這群新素食者不一樣的觀點。她說：「我大部分時間吃素，但我非常愛吃香腸。」這是新素食者的代表——他們吃素，但同時給自己保留一些例外與彈性的空間。他們不吃肉，但如果抗拒不了某種肉品，仍可自由食之。可想而知，面對這些彈性很大的新素食者，眞正的素食者是深不以爲然的；他們甚至要求這些新素食者改換一個新稱謂，以免混淆視聽。於是，一個量身訂製的新名詞與稱謂出爐了：彈性素食者（flexetarians），一個結合兩個英文單字「彈性」與「素食者」的新名詞。看了這份報告，我赫然意識到，原來我也是彈性素食者。我堅決不吃肉，除非有人招待我。受訪者普佑如此解釋道：「我眞的超愛蔬菜素食，我只是沒辦法百分之百吃素。」

「彈性素食者」這名詞，用來形容許多立志成爲基督徒的人，竟有異曲同工之妙。那正是許多基督徒對耶穌與《聖經》所採取的態度——我眞的很喜歡耶穌，但我實在不喜歡去照顧窮人。我並不是很熱衷於參加教會聚會，但不可諱言的，我的許多重要資源都在教會裡。我愛耶穌，但不要告訴我等到結婚後才能有性行爲。我

跟隨耶穌，
需要完整與完全的委身和承諾。

愛耶穌，但不要叫我原諒那些傷害我的人。我愛耶穌，但我沒辦法百分之百、毫無保留的愛。這些人自稱基督徒，也跟隨耶穌，不過卻同時替自己訂下許多例外的彈性空間。因此，當培根出現在菜單上時，意志開始動搖，所有蔬食的承諾都可以重新調整。

跟隨耶穌，需要完整與完全的委身和承諾。前面提及那位富裕的官，當他拒絕捨己時，他內心真正跟隨的對象已昭然若揭。他想對耶穌的邀請說「好」，但不想對自己的慾望說「不」。他想親近耶穌，想一嘗永生的美好，卻要保留空間，以免犧牲太大。

捨己何以如此艱難而沉重？

對許多基督徒而言，捨己，從來不曾被列入信仰生活的一部分。這其實不難理解，因爲在他們成長過程所接受的教導中，如此嚴肅的決定並非必要，乃可有可無。於是，他們輕輕鬆鬆地勾選「跟隨耶穌」，但如果他們被告知捨己是其中重要的一部分，對他們來說，那肯定是附帶條件的細則部分，而非關鍵的重大內容。這一點對美國基督徒的現狀尤爲顯著。其中一個原因是，基督教與美國資本主義的碰撞所產生的典型心態——他們不但沒有帶著捨己的信仰精神自省：「我可以爲耶穌做什麼？」相反的，他們竟帶著消費者理所當然的觀感來探問：「耶穌可以爲我做什麼？」

有一本商業管理的書叫《顧客也瘋狂》（*Raving Fans*），作者肯．布蘭查（Ken Blanchard）在書中暢談商場上該如何想盡辦法讓消費者開心愉悅、讓消費者備受尊重，最終使每一位顧客都心花怒放，瘋狂地群起成爲你們家廠牌的忠心粉絲。這位作者布蘭查先生是一位對信仰認眞的基督徒，也是我們教會的會友。有一位教會員工的領袖建議大夥兒一起來閱讀這本書，好好提升我們照顧新會友的服務品質。我不否認這是一本很棒的商業管理書籍，有一些觀念對教會也頗爲適用，但有好幾次我閱畢而掩卷沉思時，心想：「這眞是招攬新顧客的絕佳途徑，但卻是呼召跟隨者的危險法則。」

今天，許多教會已然成爲公司商行，他們以吸引會友、人數多寡作爲衡量成功與否的指標。如何吸引更多顧客呢？努力討好顧客，想辦法讓他們覺得舒適自在，以客爲尊，讓他們心情盪漾。我們努力把「產品」（在教會則指跟隨耶穌）包裝得精美、賞心悅目，讓人一看就愛不釋手。因此當客戶走進來「逛教會」時，我們可以隨時展示與推銷這些產品。

你看到了嗎？就是這樣的心態，讓耶穌提出的捨己與邀請被大打折扣。教會經常散播這樣的訊息：「你想要的一切，都可以在這裡找到。」但耶穌的邀請卻是：「放下一切你所有的。」許多教會所傳講的信息鮮少提及「捨己」，但卻很像漢堡王的標語：「按你喜歡的方式做吧！」我很擔心這樣的教會，最終必會塞爆一群瘋狂的顧客，而非忠心的跟隨者。

對照商業邏輯的「顧客」形象，《聖經》以另一種迥然相異的字眼來描繪跟隨者的形象：奴隸。奴隸和顧客，那是兩個極端的對立身分。而事實上，奴隸的形貌更貼近「捨己」的眞正意涵。

奴隸沒有權利說什麼話，奴隸沒有屬於自己的東西或產業。在耶穌的時代，奴隸甚至無從證明自己的身分。奴隸沒有所謂上下班的時間，奴隸沒有任何談判的籌碼。但「奴隸」卻是許多耶穌基督的跟隨者最常使用的自我稱謂。

耶穌的門徒彼得（伯多祿）在書寫《彼得後書》（伯多祿後書）的序言裡，並沒有趾高氣揚地自我介紹：「我，彼得，耶穌最好的朋友兼門徒，曾經在『登山變相』中親臨現場，也是轟轟烈烈的五句節當天的主要講員。」不，彼得乃自稱：「作耶穌基督奴隸和使徒的西門彼得……」（新普及譯本）。《聖經》裡的其他作者，約翰（若望）、提摩太（弟茂德）和猶大（猶達），都以此身分作爲他們的稱謂。雅各（雅各伯）在他的書信中並沒有自誇身分地說：「我，雅各，是上帝（天主）之子耶穌基督的親生弟弟。」不，他在其書信中這麼自稱：「做上帝和主耶穌基督奴隸的雅各……」當保羅（保祿）寫信給羅馬教會時，他特別寫給那些厭惡「奴隸」這字眼的讀者。過去的奴隸血淚史使我們一聽到這名詞就深覺義憤填膺，但對當時的羅馬讀者而言，奴隸的傷害與愴痛仍歷歷在目。雖然如此，保羅仍在他的書信中如此開展他的序言：「做耶穌基督奴隸的保羅……」眞的嗎？爲什麼不說：「我，保羅，在嚴謹的迦瑪列（加瑪里耳）門下受教育，在大馬色路上被耶穌呼召，同時也是《聖經》作者中高居榜首的最暢銷作家……」保羅大可如此據實以告，但他卻這麼自稱：「做耶穌基督奴隸的保羅。」

我所認識的「學園傳道會」創辦人白立德先生，是我心目中的英雄，也是最令我敬重的一名耶穌跟隨者。他所撰寫的小冊子《四個屬靈定律》（*The Four Spiritual Laws*），專爲傳福音所用，至今已印刷二十五億份，發行至世界各個角落。他也是促成最早的《耶穌傳》影片的籌劃人，這部福音影片已被譯成六百六十種語言，在全球各處播放，超過四十億人透過這部影片認識耶穌的生平。如果你有機會去參觀他的葬身之地，你將看到他的墓誌銘上刻著這幾個字：耶穌的奴隸。

捨己何以如此艱難而沉重？我常想，其中一個原因是，捨己的概念與追求人生最大慾望的概念，完全背道而馳。大部分人都會承認，自己最大的渴望莫過於追求快樂，而我們的文化則不斷加碼說服我們相信，追求快樂意味著做自己、滿足自己的一切想望。自我滿足與寵愛自己，已被認定爲通往幸福快樂的不二法門；相對之下，自我否定的「捨己」與享樂之間，成了勢不兩立的兩碼子事。追求快樂的權益，與捨己的呼召，是相互牴觸與彼此不容的。

在我們的成長過程中，家人不斷對我們耳提面命，要用功讀書，將來考上好大學，就可以找到一份好工作，賺大錢，住豪宅，開名車，然後快樂度假、享受人生。你可以嘗試問一些孩子，問他們長大後要做什麼，那些答案已充分說明這套價値觀對小孩的影響有多深。❶只不過從來不會有人回答你：「我長大以後要當奴隸。」但這卻是《聖經》對我們的呼召。《聖經》對我們的最高呼召是要我們成爲願意捨己、願意跟隨耶穌的奴隸。

「奴隸」是跟隨者最常用的稱謂，也因此當我們稱呼耶穌爲「主」（主人）時，才顯得合情合理。在《新約聖經》的經卷中，每每讀到耶穌被稱爲「主」的段落篇章，我們自然會把「主」與耶穌的神聖性畫上等號，我們以爲「主」是「上帝」的同義詞。在《新約》的經卷裡，當跟隨者稱耶穌爲主時，其實與祂的神性無關，也無關乎祂屬天的身分；他們也不是使用上帝的希伯來名「雅威」（Yahweh）的稱號。事實上，在《新約》內容裡頻頻使用的「主」，是希臘原文「庫利歐思」（Kurios）這個字的翻譯，這個在奴隸世界經常使用的字，在《新約》裡出現了上百次，意思是奴隸的主人或擁有者。

另一個我們需要認識的希臘文是「杜羅思」（Doulos）。這名詞的定義不難懂，最正確的直譯就是「奴隸」，也是最常被用來形容跟隨者的字彙。在《新約聖經》的篇幅裡，這個原文「奴隸」的字眼，出現了至少一百三十次。一般的《聖經》譯本將此字翻譯成貼近現代人所能理解的「僕人」，但如果要追究最接近希臘原文的翻譯，應該是「奴隸」。「僕人」與「奴隸」之間，看似差別不大，實則南轅北轍。

---

❶我妻子問我們那三歲大的兒子：「你長大後想做什麼？」兒子答曰：「足球員！」然後，小傢伙忽然再丟出一個他從未提過的答案：「等我長大後，我要成為美人魚。」什麼？我終於講話了：「應該是男人魚哦，小朋友，男人魚。」

你若不把自己當奴隸，
如何稱呼耶穌為你主？

僕人爲主人做事，奴隸則歸屬於主人。

謹記這兩者的差別，接下來，我想說的一段話，恐怕會讓許多粉絲跌破眼鏡。

「你若不把自己當奴隸，如何稱呼耶穌爲你主？」

合理嗎？如果你在購物商場聽到有個小女生叫我「爸爸」，那意味著小女生認定自己是我的女兒。同理，當你叫耶穌是「主」，你不會認定祂是你的老師，而你是祂的學生；不，你的意思再明顯不過了——「祂是我的主人，而我是祂的奴隸」，這就是捨己的意思。

我曾經讀到一篇關於一群宣教士在南美洲國家蘇利南的故事。這群宣教士想要向臨近小島的村民傳福音。小島上覆蓋著大片耕地，而當地大部分居民是農場主人的奴隸。農地主人只允許奴隸與奴隸之間的互動和對話，卻不准他們與其他人接觸。這些宣教士苦無管道接近這群奴隸，於是宣教士想了個方法：他們把自己賣身給農場主人當奴隸。在赤道型的天候與毫無自由的嚴苛條件下，宣教士與他們一同當苦力，最終，他們成功把福音傳給當地許多奴隸。聽起來很瘋狂嗎？但這卻是我們該嚴肅面對的——這群宣教士只是恢復原有的稱謂，扮演原來的身分。

因爲愛，甘願當奴隸

當我們接受這份邀請，捨己並步上跟隨耶穌的腳步，我們便成了祂的奴隸。請注意，這是個有別於刻板印象中的奴隸想像與概念。一說起奴隸，我們想的是被迫進行勞役的苦工，但耶穌對我們的邀請，卻是自甘捨己。怎麼會有人想要當奴隸呢？少之又少，但在《舊約聖經》的敘述裡，我們卻看到有人自甘自願當奴隸，這些人被稱爲「契約奴隸」，意思是長達六年的契約期滿以後，他們可以恢復自由身，但卻選擇留任，繼續當奴隸。在《舊約》的〈申命記〉（申命紀）第十五章十六至十七節這麼解釋道：「他（奴隸）若對你說：『我不願意離開你』，是因他愛你和你的家，且因在你那裡很好，你就要拿錐子將他的耳朵在門上刺透，他便永為你的奴隸了。」這便是「契約奴隸」，也是《新約聖經》裡的作者最常用來自稱的名詞。〈路加福音〉第一章提及馬利亞（瑪利亞）被告知即將懷孕生下彌賽亞（默西亞）時，她的反應（記載於三十八節）是：「我是主的使女。」這「使女」一詞，就是「契約奴隸」之意。

選擇成為奴隸，意味著把所有主權都交出去，把所有屬於自己的東西都放下，讓主人做主；那是一種全然獻上、毫無保留的捨己行動。奴隸從來就沒有斟酌選擇的權利，他只能順服。他不能說：「好，我願意當奴隸，但是我想保留我的車子，我要隔週休假，還有，我需要一間有景觀的臥室。」這裡沒有談判商討的餘地。奴隸該說的是：「我一切所有，我一切所是，都交付予你。」這正是耶穌對那位富裕少年官的要求。

但問題是，怎麼會有人想簽約受僱當奴隸？誰會這麼做呢？你記得剛剛我們讀過的〈申命記〉第十五章嗎？什麼動機緣由會讓一個人放棄自由，自甘再當奴隸？再看一次。經文說：「他（奴隸）若對你說：『我不願意離開你』，是因他愛你和

因為愛，
所以我們自甘成為耶穌的奴隸。

你的家，且因在你那裡很好……」選擇繼續留任，且一生當奴隸，這樣的決定聽起來是多麼難以想像、荒唐至極的事；但沒有人比他更清楚自己的選擇和理由——他愛他的主人，且心裡打定主意，跟著主人是最勝算的選擇。

因爲愛。因爲愛，所以我們自甘成爲耶穌的奴隸。當你眞的將一切所有、一切所是都交出去時，不可思議的事發生了——就在成爲耶穌的奴隸後，我們竟找到眞正的自由。

世間的常理告訴我們，捨己的下場是一無所有，但實況恰恰相反。在〈馬太福音〉第十九章，當耶穌誠摯邀請那位富裕又年輕的官把一切所有的變賣，然後去跟隨耶穌時，我們在二十二節中看見他的回應：

「那少年人聽見這話，就憂憂愁愁地走了，因為他的產業很多。」

聽起來有點怪。他憂愁地離開，是因爲他很富裕。他應該爲自己選錯方向而憂愁才對啊，但他竟為了自己豐厚的產業而憂愁！事實上，唯有當我們徹底捨己時，我們才能眞正領略跟隨基督的喜樂。

耶穌邀請你捨己，祂邀請你成為祂的奴隸。身為奴隸，我迫不及待要介紹我的主人讓你認識。我的主人會為你預備妥當，林中的百獸是祂的，千山上的牲畜也是祂的，祂會眷顧你一切所需。我的主人會悉心保護你，當祂說話時，連風與浪都聽祂的。我的主人有赦罪的能力，如果你成為罪的奴隸，深陷黑暗以致傷痕累累、破碎不堪，讓我的主人來扶持你，把碎片重組成美麗多彩的一片馬賽克。如果你身心耗盡、疲憊潰散，我的主人允諾要把安息給那勞苦擔重擔的人。

還有一件事。如果有一天你成為我主人的奴隸，祂將把你視如己出，稱你為兒子、女兒。祂把你當成祂的摯友。

拒絕當瘋狂的粉絲，但願我們的教會滿是奴隸——那些表面上看來是總經理、業務代表、醫生、教師、學生身分的人……，實則上，都成了眞正的奴隸。

你聽過有一種法律文件叫做「產權轉讓契約」嗎？顧名思義，這是一份將名下的產業或所屬物件的擁有權，轉讓或放棄時，所需簽署的文件。當他們簽下「產權轉讓契約」後，意即放棄一度擁有的權利。當耶穌邀請我們跟隨祂時，不需要簽署太多複雜瑣碎的文件，但若你已打定心意要跟隨，耶穌仍會要求一份類似「產權轉讓契約」的東西，你需要簽署一份所有權的轉讓與放棄——你的房子、車子、銀行帳戶、事業、婚姻、子女、你的未來，以及你曾擁有的一切。從此，你失去擁有權，他們不再屬於你。你已經捨己，也簽下這份人生產權的轉讓契約。

美國慈善家米勒．富勒（Millard Fuller）在二十九歲那年便已成爲百萬富翁。他曾爲了取悅妻子，爲她買下一切她可能想要的東西。有一天回家時，他發現妻子留下字條，不告而別。米勒到處去找人。最後，他終於在一家紐約市中心的飯店找到妻子，當時是週六夜晚。他們從深夜聊到清晨，兩人促膝長談，妻子向他掏心剖腹，告訴他那些社會上所推崇與追逐的物質享受，對她而言毫無吸引力。她內心深感空虛，而靈魂更覺枯竭。妻子說自己如行屍走肉，而她很想要重新活過來。於是，這對夫妻，米勒與琳達，跪在飯店的床邊，決定要變賣一切產業，投身公益與慈善工作，幫助窮人。

隔天是禮拜天，他們找到離飯店最近的一間浸信會教會，去那裡參與主日崇拜，並爲這個全新的開始，感謝上帝。然後，他們與教會的牧師分享發生在他們身上的事，以及幾個小時之前所做的決定。諷刺的是，那位牧師竟告訴他們，這樣的決定太不切實際，無須如此決絕。米勒說：「他告訴我們不必眞的放棄一切所有的。他不了解我的意思。我們不是『放棄金錢』，也不是『放棄金錢買得到的東西』。我們就只是放棄，句號。」不久，米勒與琳達創辦了專爲窮人蓋房子的非政府組織——仁人家園（Habitat for Humanity）。

那便是《聖經》中那位富裕少年官的故事中，所要探觸的主旨——不是放棄金錢，也不是放棄金錢買得到的東西，就只是放棄，句號。這就是捨己與跟隨基督。

非粉絲小見證

普斯葛洛夫的生命故事

「罪名成立。」

站在法官面前，聽到這句宣判，我掩面痛哭。我聽到法官說一些有關牢獄監禁的事，我淚流不止，不知所措。一名警官替我戴上手銬，我鋃鐺入獄。我在那裡花了好幾天反躬自省，想想自己的人生到底怎麼了。

這一切從什麼時候開始？怎會走到這般田地？我在國際知名的快遞公司UPS擔任飛機師，專業成就讓我嘗盡站在人生巔峰的成功滋味。我在物質上一無所缺。自從一九九三年離開妻子以後，沒有任何人可以再讓我灰心難過。我有錢，同時有好幾位女友，數不清的朋友，以及一份好工作。一個成功男人所渴望擁有的一切，我都有了。少年得志，我對自己的人生很滿意。

不久，我因爲在工作中偷竊機票而被逮捕。被公司解僱的那一晚，我才恍然意識到，原來這份工作對我而言是如此重要。離開的那晚，他們把我身上的識別證取下收走，也同時把我所有的自我認同都奪走了。這些年來，我讓我的工作來定義「我是誰」，因此，失去工作簡直要了我的命。不過，對於硬漢如我，即使失業也不能放棄原有的生活方式，我發誓要硬撐著走下去。

沒有收入，我開始繳不出贍養費。我開始收到催繳的警告公文，但我彷若置身度外，不當一回事。那天站在法庭內接受審訊，我像被人潑了一盆冷水，猛然清醒。

刑滿出獄後，我被安置在中途之家，一個圓形大帆布袋裝著我所有的家當。我可以工作，但不准開車。我每一天搭乘公共巴士進出，最後在一家麵包店找到工作。我偶爾會遇到以前的同事，那種無地自容的羞愧與尷尬，讓我抬不起頭來。

接下來我想說的，或許聽起來不合常理，但那確實是我千錘百鍊後的心路歷程。當我失去一切賴以爲生的東西、且我的舊生命也徹底死透了以後，我才明白什麼是置之死地而後生，我竟發現了一種眞實的生命在我裡面慢慢滋長。我無處可去，只好轉向年少時曾經尋找過的信仰。我開始坦誠祈禱，在《聖經》的眞理中找尋眞正的慰藉。生平第一次，耶穌對我而言如此親近而眞實。我開始學習，向自己說不，向耶穌說是。

離開中途之家以後，我找到一份很不錯的工作，循序漸進地爬上了事業高峰，光榮地重返昔日的成功境地。但我擔心那個曾經跌倒的「舊我」再度回來，我必須確認自己的「舊我」已經死透，不再復生。於是我跪下，向上帝禱告，求祂引領我。我也再次認眞承諾，要完全爲上帝而活。

這一直是我的禱告。如今，我在教會擔任青年人的屬靈導師，上帝使用我過去的軟弱，轉化而成無價的器皿，來幫助曾經像我一樣迷失的年輕人，不要重蹈我的覆轍。我也投身協助受刑人的志工行列，滿懷熱情要把上帝的盼望與醫治帶給這群身心破碎的人。

只有上帝，有能力把雜亂不堪的生命，轉爲承載恩典與救贖的一篇信息。

我是普斯葛洛夫，我不是粉絲。

第11章

天天背起十字架：一天死一回

耶穌跟隨者的標誌

二十一歲那年，我和妻子搬到加州的洛杉磯，在那裡建立教會。我飽覽群書，不放過任何有關如何開設教會的書籍，但因爲我毫無經驗可言，這些內容終究只是停留在腦中的理論。我記下了滿滿一本筆記的問題與疑惑。但有一件事似乎是肯定的，那就是：一間新教會的成功與否，端賴會友人數的多寡。換句話說，只要是成功的新教會，肯定門庭若市，絡繹不絕。既然如此，那我只剩下一個需要解答的問題了：「到底我該如何想盡辦法，讓更多人湧來這間新成立的教會？」

爲了尋求答案，我開始閱讀與商業相關的書籍，譬如關於商品的行銷策略、關於吸引顧客的法則等。我興奮得不經思索就做了個決定，我要以企業主的心態，像個商人開創生意般來經營我的新教會。

我學會了在創業起始，要先坐下來好好擬訂一份企業藍圖，那是不可或缺的行動。而一份又好又可行的企業藍圖，必須配合市場策略。而一份好的市場策略，則仰賴其他元素，例如一個響亮的標語、符號和象徵，都是吸引潛在客戶的重頭戲。你的目的是要吸引大家去留意你的符號，進而把你的標語聽進去，然後說服自己：「啊，那正是我尋覓已久的東西，我想成爲其中一員。」

我意識到，一則鏗鏘有力的標語，不只要讓顧客對公司印象深刻，還要能刺激客戶的消費慾望，進而購買產品。代表公司形象的符號或標誌，一定要兼具「容易記憶」與「創新吸睛」的特質。讓我來實際舉一些例子，讓你猜一猜這些標語或符號屬於哪個企業組織。你可以從左頁的注釋中找到答案。❶

●只融你口，不融你手。

●它就在任何你想去的地方。

● 極致駕馭機器。
● Just do it！
● 勁量電池，渾身是勁！
● 交給我，你放心。

你覺得如何？你會怎麼做？這些大部分都是你耳熟能詳的品牌，有一些你光顧過、使用過，或至少你想與這些品牌產生關聯，成爲它們的客戶。你不只知道它們的名稱，我猜想你甚至可以輕易把代表這些企業與品牌的商標畫出來。這些符號代表一種成就、享樂、滿足、勝利、品味與地位的象徵。這些企業組織致力於發展屬於它們的標語和標誌，辨識度越高越好，越鮮明、越吸睛則越理想，反正最終目的就是要吸引人來購買。

❶ M&M 巧克力、VISA 卡、BMW 汽車、Nike 球鞋、Energizer 電池、Allstate 保險。

以此類推，你覺得哪些是耶穌基督的跟隨者所應具備的標語和標誌呢？耶穌在〈路加福音〉第九章裡清楚描繪「跟隨祂」的眞實狀況。

「若有人要跟從我，就當捨己，天天背起他的十字架來跟從我。」（9：23）

最適合用來描繪基督跟隨者的標語是：**來去死**。

啊，至少我成功引起你的注意了！有些標語不是吸引人聚攏過來，而是把人嚇跑，就像萬聖節那些可怕的裝置般，讓人拔腿就跑。死亡從來就是個禁忌，沒有人喜歡談論，就連提起這個字也不願意。當有人死時，我們會說：「他們離世了／他們提早離開了／他們不在我們當中了／他們掛了／他們去購地了／他們開始堆積雛菊了／他們和魚兒一起去游泳了。」死亡是一切的終點，如此完整而決然。德國著名神學家潘霍華（Bonhoeffer）講得更直截了當：「當基督呼召一個人時，祂是叫他來死。」

身爲基督跟隨者的標誌，恐怕也好不到哪裡去——那是十字架；一個象徵凌遲與死亡的刑具，竟是耶穌跟隨者的符號。

其實，耶穌大可選擇其他標誌作爲象徵符號。爲什麼不選擇一隻代表和平的鴿子呢？或者，代表守護的牧羊人，你覺得怎麼樣？或者，代表希望與承諾的彩虹，也不錯啊！耶穌爲何要捨棄這些賞心悅目又意義深遠的標誌，而選用兩根血腥大木頭呢？若要吸引顧客的注意力，一個代表殘暴的刑具，恐怕不是個好的開始。

當然，現代版的十字架，已經被我們用盡一切辦法去粉飾和美化成紀念品，還有閃閃發亮的裝飾品與首飾。但在耶穌的時代，那些乍聽〈路加福音〉的邀請要背上十字架的人，他們是百般惱怒而抗拒的。

對當時的猶太人而言，十字架是羅馬政府用來強迫他們服從的刑具，那是殖民者彰顯強權的符號。當時每隔一段時間，便有猶太反叛分子群起革命，試圖推翻羅馬政權的壓迫。羅馬政府把參與革命的反叛分子一一釘上十字架，最慘烈時，曾經一次逮捕兩千人執行處決，兩千個血淋淋的十字架並排列於巴勒斯坦塵沙飛揚的路邊。

十字架是個**羞辱的記號**。在舊時代，羅馬政府以不同的方式來執行處決。他們知道如何以最廉價的方式置人於死——有些以火焚之，也有投擲石頭致死的，另外有些人被萬箭射殺，有些則乾脆以毒草餵食。相比之下，釘十字架是比較高耗能的處決，需要配上至少四個士兵外加一名百夫長來看守監督，可說昂貴得多。既然如此，何必保留十字架？答案是，當羅馬政府想要公然羞辱罪犯時，十字架就會被派上用場。他們想要藉此殺雞儆猴，昭告天下——這個被釘在十字架上的人，一無是處。我們在經文內容裡讀到那些士兵如何羞辱、嘲諷與凌遲耶穌，他們甚至對著耶穌吐唾沫。《聖經》記載耶穌是赤身露體地被釘上十字架。在〈腓立比書〉（斐理伯書）第二章提及跟隨者也當像耶穌基督一樣，徹底「虛己」與「卑微」。這是耶穌，那位創造者，救贖主，萬軍之王。這位擁有一切的耶穌，竟然虛己卑微至死。這位連世界也在祂腳下的耶穌，竟選擇彎腰俯身，洗這世界的腳。如果我們眞的決定要跟隨祂，我們別無選擇，唯有背起十字架，徹底捨己、徹底卑微。

十字架是個**受苦的記號**。罪犯們被釘上十字架前，羅馬政府會下令把他們毒打一頓，一如他們淩虐耶穌那樣，毫不留情。在鞭打過程中，罪犯的衣服被剝去，雙手高舉被捆綁在一根柱子上，這是爲要讓罪犯的身體伸長挺直，準備接受隨即而來的鞭打。這些執行者個個都是專業打手，他們從不在乎抽打幾下，他們知道準確拿捏「打到瀕死」邊緣再住手。打到血肉模糊、五官難辨之後，羅馬士兵開始把十字架的絞刑架，一根像横梁的木架，放在犯人肩膀上。極有可能，部分脊椎已因過度鞭笞而凸出或移位。想像把一個重達五十八公斤的木頭壓在傷痕累累的耶穌身上，難怪耶穌在跌跌撞撞地走向那條狹窄「苦路」時，祂幾度背不起那無比沉重的梁架。背起你的十字架來跟從耶穌，必會帶來愴痛與苦楚。

背十字架，怎麼可能不受苦呢？

不管你以什麼姿勢來背十字架，從來沒有一條背十字架的道路是舒適暢快的。

我經常有機會陪伴一些人面對他們人生中的苦與痛，他們竟認爲這些患難與受苦是爲要阻止他們繼續跟隨耶穌；因爲他們相信，如果跟隨這位上帝（天主）的兒子、耶穌基督，那麼，人生理當就此一帆風順、事事如意才對。這是要不得的膚淺神學論調，主張一切困難的臨到都是「不該跟隨耶穌」的驗證。《聖經》說的是什麼呢？當有人願意跟隨耶穌時，他們知道那是一條背十字架的道路，這趟旅程不但不輕省，而且荊棘滿途。

《聖經》裡不乏這一類的經文，提醒我們跟隨耶穌所需付上的代價。

「人為人子（耶穌）恨惡你們，拒絕你們，辱罵你們，棄掉你們的名，以為是惡，你們就有福了！」（〈路加福音〉6：22）

「不但如此，凡立志在基督耶穌裡敬虔度日的，也都要受逼迫。」（〈提摩太後書〉（弟茂德後書）3：12）

如果生命中沒有受苦、沒有犧牲疼痛，
我還算真的背負十字架嗎？

「因為你們蒙恩，不但得以信服基督，並要為祂受苦。」（〈腓立比書〉1：29）

這裡有個問題令我反覆思索，且不得不保持清醒：如果生命中沒有受苦、沒有犧牲疼痛，我還算眞的背負十字架嗎？你最後一次因爲跟隨耶穌而飽受苦楚是什麼時候？你曾經因爲跟隨耶穌而破壞了人際關係嗎？你曾經因爲跟隨耶穌而失去升職的機會嗎？你最後一次因爲跟隨耶穌而放棄度假是什麼時候？你最後一次因爲跟隨耶穌而被人嘲笑詆毀是什麼時候？好吧，不提那些生命受威脅的事……你曾經爲了福音的緣故而和人餐敘嗎？如果這趟信仰之路從未讓你爲此犧牲或付出代價，你能說自己正在背負十字架嗎？用幾分鐘時間，安靜思索這個問題。你爲此付上什麼代價嗎？如果一點犧牲也沒有，甚至連一點不便或不自在之處都沒有，那麼，極有可能，你身上並沒有十字架。

最終，十字架是個**死亡的記號**。當耶穌蹣跚走上各各他山（哥耳哥達），就是那被稱爲骷髏地的地方，士兵把那沉重的橫梁架上另一根長長豎立的木條，完成了十字架的刑具。耶穌的手被牢牢釘在木條上。接著，士兵把耶穌的雙腳也釘上了。幾個小時以後，一根長矛刺穿祂的肋骨，以確定祂是否斷氣。耶穌邀請祂的跟隨者向自己死去。我們讓自己的慾望、追逐和籌劃都死去。當我們眞眞實實成爲耶穌的跟隨者時，我們的「自己」，正式宣告結束。

十字架，比任何東西都還要接近死亡。對於那些身背十字架的跟隨者，這個結果是不言而喻的。英文裡形容死囚踱步走向行刑室的一句話：「死囚上路」，也很適合用來形容一個背負十字架的跟隨者。耶穌選了一個備受屈辱與被拒絕的記號來對你說：「如果你要跟從我，把這個背起來。」祂邀請我們去死。

耶穌清楚陳明，跟隨祂，意味著拿起十字架，並對自己徹底死去。那是每一位認眞的跟隨者所要立下的約定。當耶穌對祂的跟隨者有所期待時，我所能想像的盡是耶穌所承受的劇烈愴痛與壓迫。不幸的，當今許多教會卻決定反其道而行，他們認定這樣的信息令人渾身不自在，而十字架既不討喜又太沉重，因此，今天許多自稱跟隨者的粉絲們，其實從不背負任何十字架。

有一次當我前往西岸的一間教會講道時，有一個中年男士憂心忡忡地告訴我，他的女兒即將和一位無神論者結婚。這位男士拜託我抽出時間和這位未來女婿見見面。我要了這位年輕人的電話，在返回飯店途中，我親自撥了電話給他。我先自我介紹，然後詢問他是否方便在我隔天搭機離開前，和我一起吃午餐。我沒想到他竟爽快答應了！一個牧師與無神論者一起吃飯，聽起來像是個笑話的序言，但我們卻一見如故，相談甚歡。我們聊了好幾個小時，當他告訴我自己的故事時，我把耶穌基督的福音與他分享。那是他第一次如此完整地聽完有關福音的一切。午餐約會結束前，我們一起禱告，他更開口認罪悔改，並承認耶穌是上帝的兒子。我把手機號碼留給他，並把他轉介給當地教會的一位牧師。上帝竟使用一個偶然而適切的時機，成就一件不可思議的事。

六週以後，當我和那位牧師通電話時，牧師告訴我這位青年對耶穌基督的忠心、對信仰的認眞追求，進步之神速，簡直令人刮目相看。接下來的一年，我幾乎不曾再聽聞有關他的事。忽然有一天，鈴聲響起，那是他打來的電話。他告訴我，八個月前結婚了，生活一切順遂。然後，他繼續聊起岳父大人對他頗有微詞，他想聽聽我的意見。岳父覺得他在信仰上衝得太快，需要稍微「踩一下煞車」。顯然，這位青年嚴肅而認眞地實踐上帝的話語和教導，他把收入的十分之一奉獻出去，但岳父卻頗不以爲然，認爲那些奉獻的錢應該省下來當購屋基金。另外，岳父也表態不認同女婿爲了要專心到教會敬拜上帝而放棄禮拜天工作的機會。岳父對他說：「我很高興你終於成爲基督徒，但我告訴你，耶穌從來不要你成爲狂熱分子。」

換句話說：「我很高興你終於成爲耶穌的跟隨者，但你其實可以把十字架放下來。」耶穌已經身體力行地走在前面，當我們背起十字架上路時，我們跟著祂的步伐，走向那條「苦路」。

歷史與教會傳統一再讓我們看見，許許多多在世上忠心跟隨耶穌的人，最後都走上了這條殉道之路。根據教會歷史的記載，耶穌的門徒馬太（瑪竇），在非洲的衣索比亞被劍刺死。馬可（馬爾谷）在埃及的亞歷山卓市，被奔騰的萬馬拖拉踩踏而死於街道上。路加則在希臘被吊死。彼得（伯多祿）被倒釘十字架。多馬（多默）在印度宣教時被長矛刺穿而亡。耶穌的弟弟猶大（猶達）因為堅守對耶穌基督的信仰不棄教，被萬劍刺死。雅各（雅各伯）則在耶路撒冷遭斬首處決。

跟隨耶穌的決定，是一個對自己死去的決定。

離開安逸生活的勇氣

相對於十字架的意涵，另一種人性所趨是對舒適安全的憧憬。大多數人卯足全力，竭盡一切努力、時間與資源，為自己打造舒適安逸的王國。尋求安定舒適本是人的自然天性，沒有人生來喜愛背負十字架。我們的本性屬於舒適安穩的「拉茲男孩」（La-Z-Boy）品牌沙發、我們的本性屬於高爾夫的鄉村俱樂部、我們的本性屬於通體舒暢的芳療按摩、我們的本性屬於「斯納奇」（Snuggie）懶人袖毯。你看過「斯納奇」懶人袖毯的廣告嗎？那是一個可以穿在身上的有袖毛毯。初次接觸，我覺得那實在是個奇怪又滑稽的設計，但我卻越看越喜歡，竟興起想買一件來穿的念頭。當妻子問我情人節要什麼禮物時，我竟不假思索就衝口而出：「我要『斯納奇』毛毯衣。」講出這句話時，我被自己嚇到了。這樣的要求，怎麼會出自一個熟男口中呢？但無論如何，我還是對這個有袖子、可以穿在身上的毛毯，滿心期待。一嘗夙願時，我迫不及待地把它穿上，忽然，我想起了什麼，「欸，不對，等一下……我是不是已經有一件了啊？這跟你掛在後院的那件浴袍有什麼兩樣？」

把「斯納奇」與十字架這兩者的形象參照對比，一個代表舒適安逸，另一個則是痛苦與犧牲。難怪光是美國，就已售出超過兩千萬件「斯納奇」懶人袖毯。很不幸的，現今許多教會正如火如荼地高調宣揚他們的「斯納奇神學」，以確保每一個參與的人都倍覺溫暖與舒適。這一類的「斯納奇神學」主張凡跟隨耶穌的人，必有健康與財富伴隨，幸運的話還有名車豪宅等著你追求；但對背負十字架的一切代價，卻絕口不提。雖然他們還是會按著《聖經》傳講道理，但卻選擇性地講，部分重要眞理已被篩選過。或許，當你環顧這些神學主張的教會建築時，搞不好你連一個十字架都找不到。

「斯納奇神學」的邏輯，可以從一些結果來一窺其眞面目。例如，當健康亮起紅燈或經濟陷入困境時，擁抱這類神學信念的信徒會開始質問與質疑上帝，因爲根據他們向來所接受的福音解釋，上帝不會讓他們遭遇壞事。我們教會一位長老用一句話來形容與總結這種狀況：「你用來吸引他們的目標，最終使他們迷失於那目標中。」當我們以標榜舒適與成功的神學吸引他們時，他們將無法接受背起十字架的眞理與實況。

讓我來舉例說明。我看到一則出售汽車的廣告，內容如下：

「這輛車跑起來還不錯，輪胎也相當新，除此以外，乏善可陳。車裡沒有音響，加速性能有些遲緩，離合器卡卡的，後座門閂無法正常開關（建議你用一根棍子支撐），每公升差不多只能跑四到六公里，非常耗油。大致來說，這是一輛美國車，就在美國汽車產業最糟糕的時期製造生產。上面的標價是五百美元，那是因爲朋友們告訴我，一輛開得

我們漠視上帝話語中那些不可妥協、不可過濾的真理，
轉而迎合眾人的口味，
把真理調整成可有可無、美味可口的內容。

動的車子一定至少要標價五百元。我想應該可以有議價空間，我可以把價格再調低。」

同樣一輛車子，但廣告內容可以換個敘述方式來表達：

「這輛車子在近乎全新的輪胎承載之下，抓地力毋庸置疑。車內提供留白空間，讓你依著自己的喜好裝上你想要的音響配備。這輛車的加速性能讓你不必擔心被警察叫到路邊開罰單。隨車免費贈送一根特別的棍子，讓你隨心所欲地支撐著後座門閂。當你購買這輛美國本土製造的車子時，你不但支持國貨，也支持我們的國家以及我們所享有的一切自由。我以誠意價——四百九十九美元，割愛給有緣人。」

這是許多教會的講道手法與策略。我相信，這些牧師有意識地採用這套「斯納

奇神學」，尤其當他們發現若要讓只有幾百人的教會突圍而出，這是個讓教會快速增長的最佳途徑。會友出席人數下降，奉獻跟著緊縮，還來不及搞清楚是怎麼一回事，他們被「成功」衝昏了頭，上帝話語的眞實與否放一邊，週末出席人數的統計數據才是他們在乎的。於是乎，牧師的講道內容被消毒了，《聖經》經文被巧妙地增刪編輯，十字架被隱藏起來。講道的信息多半與救恩有關，但從未提及犧牲與放下；經常高談寬恕與原諒，但卻不曾提醒認罪與悔改的重要性；多論及生命，卻避談一切死亡。

很遺憾，我所說的這一切，都是我切身的經驗與體會。身爲神職人員，我們很容易就會找到《聖經》中大家耳熟能詳、賞心悅目的經文來加以闡述與傳講。至於那些不太受眾人歡迎的經文，牧師會想方設法，以創意的語言去粉飾一番，讓那些聽起來逆耳的字句，可以稍微被稀釋，把經文中那些令人感覺刺眼不快的部分稍加調整。我們漠視上帝話語中那些不可妥協、不可過濾的眞理，轉而迎合眾人的口味，把眞理調整成可有可無、美味可口的內容。當我們這麼做的時候，我們是在奪取上帝爲祂的子民所預備的生命與福音的大能。

你還記得一則藥劑師被控詐欺的新聞嗎？爲了從藥物中牟取龐大利益，羅伯特．寇特尼（Robert Courtney）以藥劑師身分，將病人化療用藥稀釋。九年來，經他稀釋的化療藥多達九萬八千份處方，至少四千兩百名癌症患者受影響，其中至少十七名癌症患者因使用稀釋過的化療用藥而死亡；而這名藥劑師多年來的不法所得，累計高達一千九百萬美元。寇特尼被判處三十年有期徒刑。一名被委予處理藥物、操縱病人生死重任的藥劑師，竟因貪圖個人利益，把救人的藥物稀釋成害人的東西。

這是包括我在內的許多牧師的縮影。我們經常犯下了類似的罪狀，或許不是出於自私的動機，但其後果一樣可怕，而且賭注更大。

耶穌來到這個世界，不是爲要使我們的行爲舉止變得更好，亦非扭轉我們的人格或調整我們的品行，更不是要來修飾我們身上那些不雅的汙點。耶穌從來不是要改變你。福音的眞貌是——耶穌來，好讓你可以死。

在《如此基督教》（*Mere Christianity*）這本書中，著名作家魯益師（C. S. Lewis）這麼說道：

基督如此說：「把一切都給我。我不要你的那些時間，那些金錢，還有你所做的那些工作與服事，我要的是你。我不是爲了要折磨你的天然本性而來，我來是爲要徹底消滅它。人終究無法自我約束。我不想在一棵樹上東砍西折，一會兒砍這裡，一會兒修那裡，不，我要將整棵樹連根砍斷。我不想在牙齒上鑽洞，或鑲上牙套或止住疼痛，不，我要將整顆牙齒連根拔起。」

記得我們的標語嗎？「天天死」；而我們的標誌是，「十字架」。我的一位朋友信主多年，卻不斷錯過這樣的信息。他最近才向我提起自己成爲基督徒的信仰歷程。某一天，有人問他：「如果你今晚就死了，你知道你將往何處去嗎？」朋友一聽，有些不知所措，於是開始進一步對話。那一晚，我的朋友便接受耶穌成為他的救主。我聽得津津有味，但朋友話鋒一轉，調侃道：「但問題是，那一晚我並沒有死。」我有些不明白他的意思。他繼續說，其實他希望那位傳福音給他的人可以問他另一個問題。我的朋友進一步向我解釋，當他接受耶穌並成為基督徒時，他知道當他肉身死去時，他將得到永生；但沒有人告訴他，當他接受基督的當下，他同時也做了個「去死」的決定。他過去被告知，一旦肉身死去，將去到天堂與上帝同在，一直到信主十年以後，他才猛然覺醒，原來接受基督的剎那，就是一個「死亡」的開始。

我經常在死者面前講道，也曾經在房間裡等著驗屍官前來。我經常陪伴不同家庭，守候著他們的父親或丈夫嚥下最後一口氣。我也常駐足棺木旁，看著一個又一個親朋好友上前來瞻仰死者遺容與道別。我無意冒犯或有任何不敬之意，但我對死去的人有一番體會與觀察。一個死人，不會在意別人怎麼看他，不在乎自己身上穿的衣服好不好看，不會計較自己的銀行帳戶裡有多少錢，更不會朝思暮想著如何升官發達。重點是，死亡，是一種對自己以及你所有的一切之終極放棄，徹底繳械投降。當你死了，生命之於你，還有什麼好計較與在乎的呢？

選擇死亡

當耶穌呼召我們跟隨祂時，祂說：「背起你的十字架……」這裡的「背」，意指我們選擇死亡。那不是我們習以爲常的死亡想像。一般而言，我們對死亡是避之唯恐不及的，即便發生也絕非我願。科學家曾經針對我們內在隱藏的「求生本能」做過研究。當我們的生命備受威脅時，自我保護的機制會驅使我們去做一些異常極端而強烈的反應。所以，這句「來去死」的標語，以及十字架的標誌，不只是違反傳統，簡直就是有悖常理、逆道亂常，完全違背了我們的求生本能。

當我還是個小男生時，下課時間我們經常玩一種你應該也不陌生的遊戲：山中之王。我們學校後面有座小丘陵，一群男生會互相推擠拉扯，把往上爬的男生拉下來，上課前一聲口哨響起，誰最終排除萬難成功站到小丘上，就被封王。那一年我小學四年級，說到這裡，請原諒我實在忍不住要炫耀一下當年的豐功偉業，我是那個不曾被推倒的「山中之王」。我之所以屹立不倒，是因爲我的過人優勢——我發育得早，比同年齡的同學高大。我當時的體型，大概就已長成現在這個樣子了。無論如何，我非常享受當國王那種威風凜凜的成就感，我居高臨下，其他凡夫俗子就在我的腳下。

我記得很清楚，有一天，有個新同學來到我們班上。這位插班生的個頭比我大，無論身高體重都比我略勝一籌，更慘的是……這位同學是個女生。一開始我毫無所懼，暗自揣測，「女生應該不會有興趣想玩『山中之王』吧？」我仔細打量她，心想這位芭芭拉小姐恐怕來頭不小。她穿上牛仔馬靴，第一堂下課時，我還看到她隨地吐痰，那可不是個好兆頭。當我在美術課瞥見她大口大口地嚼著口香糖時，我開始緊張了，擔心我的王位不保。果然，下課時間一到，她摩拳擦掌地加入我們的遊戲。我們這群男生懊悔莫及，早該立下個「女生不准」的遊戲規則，但爲時已晚，太遲了。芭芭拉把她的馬靴插在泥地裡，吐了口痰，追著我迎頭趕上了。那一天當哨子響起、遊戲結束時，新的國王誕生了……哦，不對，是新的山中之「后」。我竟然被一個女生奪去了我衛冕多時的王位。那是個可驚可怖的經驗。那天，走回教室之前，我直接到學校辦公室，告訴秘書我身體不舒服，然後要媽媽來學校把我接回家。

在一般正常情況下，我們絕不刻意讓自己屈居下風。我們總是竭盡所能地爭取，不擇手段地往上爬。倘若矮人一截或有不如人之處，那也是不得已的位置，絕非我們主動選擇要比別人卑微。我們從不輕言放棄頭上的華冠冕旒與王位。但是，當那位萬王之王的耶穌死於各各他山時，這位眞正的王，爲我們立下一個跟隨的典範與榜樣。

這句「背十字架」，是我們從小就耳熟能詳的一句話。在我們的文化處境裡，「背十字架」已成爲一句諺語，意思是，在逆境中被賦予重責大任。因爲這太沉重，所以有違我們的本性和意願。但對一個基督的跟隨者而言，這份責任並非強人所難——不，不是被迫背起，而是「被背起來」了；耶穌已經赤裸裸地成爲我們的榜樣。〈約翰福音〉（若望福音）第十章十八節這麼寫道：「沒有人奪我的命去，是我自己捨的。」

一天死一回

耶穌邀請你「背起你的十字架……」，這句話常讓我們敬謝不敏；但在這份邀請之前的兩個字，扭轉了一切局勢，這兩個字是「天天」——「……天天背起你的十字架……」每一天，我們都得重新再做一次決定，對自己死，對基督活。「對自己死」並非一生一次的決志，那是每一天都要重新再做的決定，這種「死法」也是最具挑戰性的。

想像你的人生是一張百元大鈔。大多數人把「對自己死」想成在一次隆重莊嚴的某個時刻裡，我們把自己這張百元大鈔交出去，完滿交帳，任務完成。沒有錯，領受救恩是生命中至關重要的時刻，那是不可取代的。但如果把跟隨耶穌視爲「一次就夠」的決定，那就像在婚禮結束後對自己說：「好啦，結完婚了，一切回歸常態生活了。」不是的，如何成爲一個稱職的丈夫或妻子，遠比一場婚禮來得重要。我們不該以爲自己這張百元大鈔的生命獻給上帝以後，就交差了事；不，實況應該是，我們把自己這張百元大鈔的生命獻給上帝之後，祂接受了，然後祂回應說：「這本是我的，現在，我要請你去把這張大鈔換成一塊錢硬幣的零錢，然後每一天給我一塊硬幣。」這就是「一天死一回」的意思。

該如何活出「每一天都死一次」的眞實狀況呢？今天的「對自己死」，或許是利用一小時的午休時間，到距離辦公室不遠處的街友庇護中心發放便當給無家可歸的人；也或許是，當你下一次跟鄰居朋友聊天時，你不再圍繞著安全而舒適的話題攀談，而是大膽地把耶穌這號人物帶進你們的話題中。「對自己死」也意味著改變你的休假計畫，改變你原想帶孩子去迪斯尼的旅遊計畫，而是帶他們去多明尼加共和國當志工，每天到餐食中心接待數百名饑餓的孩子前來吃他們一天中唯一的一餐飯。「對自己死」指的或許是在你空無一人的房間裡，一邊來回踱步，一邊向上帝禱告詢問，在某個國家的角落，是不是有等著被領養的孤兒可以睡在那張沒人睡的床上？「對自己死」有可能是無私地去愛那位在婚姻中曾經欺騙你的配偶。何不暫停幾分鐘，好好想一想，拿一支筆，在左邊的欄位上嘗試寫下：**你可以如何天天背上十字架？就在今天，你可以如何「對自己死」**？

是的，唯有透過天天死一次，我們才能切實地跟隨耶穌。有太多人在跟隨耶穌這條路上，跌跌撞撞，挫折連連。他們竭盡所能地努力追趕，卻不明白何以如此遙不可及？不明白自己爲何難以裡外一致？有人寄了封信給我，信中這麼寫道：「非常謝謝你挑戰我從粉絲走向跟隨者。我每一天都很努力，以求成爲耶穌的跟隨者。」我深感欣慰，但我可以大膽預測，過不了多久，他就會失敗，因爲「每一天都很努力」還不夠，但我只要把信的內容修改幾個字，一切就會不一樣——「非常謝謝你挑戰我從粉絲走向跟隨者。我每一天都死一次，以求成爲耶穌的跟隨者。」

每天清晨，我固定到家裡的小房間跪著禱告，再次把自己獻給耶穌。在小房間的牆壁上，我噴了四個字，那是保羅（保祿）在〈哥林多前書〉（格林多前書）第十五章三十一節的其中一段話：

「天天冒死。」

天天……，那眞是背負十字架最沉重、最辛苦的地方。每一天清晨，靠著耶穌的恩典，我受邀背起十字架而死。這是那一天我跟隨祂的唯一途徑。每一天清晨，我們爬上祭壇，再度「對自己死」。那是耶穌在〈路加福音〉第九章二十三節的邀請，但請注意這段經文的下一節是怎麼說的：

「因為，凡要救自己生命的，必喪掉生命；凡為我喪掉生命的，必救了生命。」

原來，透過「對自己死」，我們才能真正找到生命；當我們最終決定對自己的生命放手時，我們得以在基督裡找到真正的生命。你們當中曾歷經這種失去與得著的人，一定明白和感同身受這句話的眞義。至於粉絲們，這番話恐怕是無稽之談、毫無理據可言。的確，保羅就曾這麼說：

「因為十字架的道理，在那滅亡的人為愚拙；在我們得救的人卻為神的大能。」（〈哥林多前書〉1：18）

當代英文譯本的《聖經》，直接把這句話翻譯成：「這十字架的道理是不合理的……」對粉絲而言，對自己死是完全不合理的一件事；但跟隨者明白，死是爲了

當我們對自己死，並把我們全人交託給耶穌，
你會赫然驚覺，
對自己死的副作用竟尋獲了真正的生命。

生。因此，我們可以爲十字架的美好而讚歎高歌。

代表失敗的十字架——對跟隨者而言，是得勝。
代表罪刑的十字架——對跟隨者而言，是恩典。
代表詛咒的十字架——對跟隨者而言，是自由。
代表愴痛與受苦的十字架——對跟隨者而言，是醫治與盼望。
代表死亡的十字架——對跟隨者而言，是生命。
這十字架毫無吸引力，但對跟隨者而言，它全然美麗。

背起十字架，然後選擇對自己死，聽起來像自找麻煩的苦差事。我們想像，這樣的決定一定會讓我們的生活慘澹灰暗，了無生氣；每早起床時，把自己託付給難以預料的淒慘歲月，難道這是跟隨耶穌的意思嗎？當我們對自己死，並把我們全人交託給祂，你會赫然驚覺，對自己死的副作用竟尋獲了眞正的生命。無法以言語解

釋的弔詭，就在轉瞬間發生——放下對自己生命的掌控，我們將尋得長久以來一直渴望得著的生命。

非粉絲小見證

哈斯菲的生命故事

「她停止呼吸了。」

有時候，一個最簡單的說明，就可以輕易把你徹底擊潰。當然，那之後還會有更多對我的妻子更詳盡的病理解釋，但最終仍無法改變任何事實。她前一刻還在跳舞，頃刻間就停止呼吸了。妻子突如其來的死亡，讓我痛不欲生，幾乎活不下去。

我以醉酒的方式，來哀悼與面對她的離去。在那段最愁雲慘霧的階段，熟識我妻子的哈特利夫婦經常與我聯絡，並邀請我到教會去。我並未接受他們的善意邀請，繼續過著醉生夢死的生活。有一晚，我醉得不省人事，身心狀況跌至深不見底的谷底，異常沮喪與絕望，於是我離開酒吧，走進我的卡車裡，舉槍朝我的頭部自轟，企圖了結自己的生命。我知道你一定想說，這段故事到此結束，我那晚死定了。

不久，當我醒來時，發現自己躺在醫院。我被告知，當醫生在手術檯上進行搶救時，我的心臟兩度停止跳動；院方甚至已經把牧師請來守候一旁，隨時準備在彌留的最後一刻，爲我做最後的祈禱。總之，我竟活過來了。一直在關心我的哈特利夫婦不斷爲我禱告，他們甚至邀請教會的查經班爲我禱告。

我出院後，哈特利夫婦再度鍥而不捨地邀請我去教會，這次我答應了他們。我去參加他們的查經班，和那些在我性命垂危與恢復期間，奮力爲我禱告的朋友們見面。我忽然感覺自己其實並不孤單，眼前這一群人，在還不認識我以前，就已經爲我禱告；他們對我所知不多，但卻像家人般接納與關心我。我越來越清楚一件事，如果我的人生還要繼續往前走，我需要和一群認識耶穌的人在一起；甚至，我自己需要進一步認識他們所相信的耶穌。這份從耶穌而來的愛，有能力把一個處於低谷的生命，重新翻轉與提升。我是個幾乎失去生命的人，但耶穌竟爲我而捨棄祂自己的生命；如今，我開始每一天爲耶穌而放下我的生命，單爲耶穌而活。

我是哈斯菲，我不是粉絲。

第三部

跟隨耶穌：
無論何處、無論何時、無論何事

第12章

無論何處都要跟隨耶穌？那就這裡吧！

爲了跟隨耶穌，你可願離開舒適圈？

「若有人要跟從我，就當捨己，天天背起他的十字架來跟從我。」

（〈路加福音〉9：23）

當你仔細閱讀並琢磨耶穌所發出的這份邀請時，有時候我們會不自覺地帶著不切實際的浪漫詩意，來解讀這段文字。即便我們把這段話一一拆解成不同單字，仍難掩這句話的戲劇張力和極端性格，因此，很容易引起一種蕩氣迴腸的激情回應。

不過，當你越過了這條界限，打定主意要成爲跟隨者時，如何明白並深思這份邀請對你個人與生活的落實，則顯得無比重要。

在〈路加福音〉第九章，當耶穌提出這份跟隨祂的邀請後，有三個人陸續登場，興致勃勃地渴望成爲跟隨者。只是一旦認清跟隨耶穌的事實，將如何影響他們的生活以後，他們開始猶豫退縮，甚至找藉口逃避。他們試圖對之前的承諾進行談判與打折，事實證明，他們是不折不扣的粉絲。

在五十七節，第一位粉絲出場了。他走向耶穌和門徒們：

「他們走路的時候，有一人對耶穌說：『你無論往哪裡去，我要跟從你。』」

好一句感人肺腑的話啊！他似乎明白耶穌所要尋找的是什麼，也完全掌握了要在對的時間說對的話。他對耶穌許下了山盟海誓：「你無論往哪裡去，我要跟從你。」不論何處。聽起來是跟隨者沒錯。沒有限制、沒有界線、沒有國境。不論何處。但請留意耶穌的回應：

「耶穌說：『狐狸有洞，天空的飛鳥有窩，只是人子沒有枕頭的地方。』」（58）

耶穌轉身面對那人，我猜耶穌會帶著一抹笑容，對他說：「嘿，老兄，我無家可歸哦！」我常想，耶穌這句自我揭露的回應是個試金石，讓許多躍躍欲試的潛在跟隨者，忽然夢碎清醒。耶穌當場就把眞實狀況表達得一清二楚，跟隨祂不是從這個城市到另一個城市的逍遙遊，投宿麗緻飯店，順便預訂客房餐飲服務。

當那人激動地說：「無論何處，我要跟隨」時，耶穌卻直踩地雷，指向一個令人擔心與卻步的地方，讓這個人所在意的舒適圈與安全感，瞬間備受考驗：「就那裡，如何？」耶穌的回應令人印象深刻，彷彿讓這個差一步就要成爲跟隨者的人，不得不手忙腳亂地打退堂鼓：「我剛剛有說『無論何處』嗎？哎呀，我說的是一種比較詩意而象徵性的表達罷了。我只是打個比方說，『無論何處』，我都會跟隨。」

只要不涉及具體的承諾，泛泛地談論有關「跟隨耶穌」，其實不是什麼難事。但跟隨耶穌最基本且顯然的意義，在於生命的改變。按著字義來解釋，跟隨耶穌就是跟著耶穌走。當你認眞思索這句話的意義，那些詩情畫意的字句頓時顯得意義非凡。

我成長於牧師的家庭，父親經常帶著我到各地不同教會幫助他們進行「老屋翻修」，讓死氣沉沉的教會重獲靈性的復興。每晚當父親的講道接近尾聲時，他總是以同一首詩歌《全所有奉獻》來作爲他的回應詩歌。很多人在歌聲中紛紛走向前來，決志讓耶穌基督成爲他們生命的救主。我記得那首詩歌的部分段落：「我將所有獻與耶穌，謙卑俯伏主面前；世俗逸樂甘願撤棄，求主悅納我心願。全所有奉獻，全所有奉獻……」有一晚，當時約莫十歲的我，一邊聽著這首熟悉的詩歌時，我的心忽然深受衝擊，雙手冒汗，腸胃好像糾結似地，我毅然決定要把自己交出去，全然獻上。我鼓起勇氣，步上走道往前走去。我父親就站在前面，等著要和每一位走上前的決志者談話。我就站在父親的前面一排，跟著會眾吟唱詩歌的最後一句：「全所有奉獻，獻與愛我尊貴救主，全所有奉獻。」

隨著年紀漸長，我不再這麼認爲。這首歌適用於「一般承諾」的奉獻，但如果這份奉獻變得具體而詳實，那麼，我想我的現實人生無法口唱心和地回應這首《全所有奉獻》；切實地說，應該是「部分奉獻」，我僅僅交出一部分。我沒有交出我的傲慢，我總是想要透過激勵別人來榮耀我自己，而非榮耀上帝（天主）。我沒有交出我的計畫，我歡迎上帝一同加入，但我有自己的主張和步驟。我歡迎上帝乖乖坐在副駕駛座上，但緊握方向盤的人是我。我沒有交出我的自私慾望，我沒有交出我的情色慾望。我沒有交出我的娛樂選擇，我隨心所欲地選擇自己想看想聽的節目。我沒有交出我的金錢，給上帝的那部分是剩餘的。我沒有交出我的時間給上帝。較早以前，我也沒有交出我的婚姻。我的妻子或許不曾提及❶，但我知道自己的自以爲是和自私。總之，我從未交出一切，我沒有「全所有奉獻」。

一如這位老兄，我們可能也會向耶穌衝口而出：「我會跟隨你，不論何處……」讓我們嘗試從一般情境轉移到具體實況。你覺得最難跟隨耶穌前往的地方，是哪裡？如果你告訴耶穌「無論何處」，你覺得愛挑戰人的耶穌，最可能指向哪個地方，然後回應你：「就那裡，如何？」

眞的無論何處嗎？那就在你家吧，好不好？有時候，在外面背起十字架來跟隨耶穌是容易的，但當回到自己的家門前，我們經常把十字架放在院子裡，而不帶進屋內。

我們不願交出主權，卻極力爲自己的權益爭取到底。我們不願服務與付出，卻坐享其成。

我們不願耐心面對，卻予取予求。我們不願鼓勵與肯定，卻批評論斷。

我們不願起而成爲屬靈領袖，卻被動地待在家裡自怨自艾。所以我說，就從「這裡」開始跟隨耶穌吧，如何？

❶好吧，她應該是有說啦。

眞的無論何處嗎？那就在你的職場吧，好不好？週間早上九點，很多粉絲把車子停靠路邊，從車上探出頭來跟耶穌說：「你好好待在這裡等著，我五點下班後再來接你。」當粉絲們準時上班時，也準時不跟隨。

你把貪婪合理化爲企圖心。

你把欺騙合理化爲生意往來的精明謀算。

你從不公開承認你的信仰，卻合理化爲包容接納。

我曾經收到一位女士寄來的郵件，請我爲她禱告，因爲她要接受挑戰，認眞思索跟隨耶穌往任何地方去的決定。她在一家小公司上班超過七年，但沒有任何同事知道她是個常去教會的基督徒。她決定從勇敢表達信仰開始。有個坐她旁邊的同事，多年共事的愉快經驗使她們成爲好朋友，但她從不曾跟這位同事提及她的信仰和上帝。這位女士計畫在教會舉辦的特別聚會中，邀請好友到教會去，並在那裡與

就從「這裡」開始跟隨耶穌吧，
如何？

她分享自己的信仰。幾個禮拜過去了，我一直沒接到任何信件，不曉得後續發展如何。不久，我再度收到她的來信。她在信中告訴我，她從未遇過讓彼此那麼尷尬和自責的場面。那一晚，當她鼓起勇氣邀請同事到教會去時，對方竟然仰頭大笑，說道：「我正打算到教會去，而且我也剛好想邀請你呢！」一開始，她們覺得這天大的巧合眞好笑，但隨即卻感覺很糟糕。七年來，她們毗鄰而坐，服務於同一家公司，卻渾然不知彼此都是基督徒。她們都宣稱自己是跟隨者，只是卻都選擇不在工作職場上跟隨耶穌。所以我說，就從「這裡」開始跟隨耶穌吧，如何？

眞的無論何處嗎？那就在玩遊戲的場合吧，好不好？就在社區裡，如何？或者就在回老家與老朋友相聚的場合裡，好嗎？或者讓上帝來指定一個地方，例如緬甸或泰國，然後對你說：「就那裡吧！」

美國第一位海外宣教士耶德遜（Adoniram Judson）在二十四歲那年，決定離開家鄉美國，坐船前往緬甸。當時的緬甸，是個極端危險且對宣教士極不友善的國家，全國沒有任何宣教士。出發前，耶德遜愛上了二十三歲的女子安妮，想娶心愛的女友為妻，然後一起前往緬甸宣教。結婚前，耶德遜寫了封信給未來岳父，徵求他的同意，是否願意把女兒嫁給他。以下是信的內容：

「我在這裡鄭重地徵詢您的意見，是否同意明年春天與您的女兒告別？那極可能是一場生離死別，因為這輩子恐怕無法在世間相見了。您是否同意她就此一去不復返，並同意她接受宣教生活中難以預料的艱困與痛苦？是否同意她可能深陷乘風破浪的危險、可能要頑抗當地南方溽暑天候與致命性的傳染病？是否同意她必須忍受諸般的匱乏與危難、糟蹋與凌辱、逼迫、甚至慘死異鄉？您是否贊同這一切付出，都是為了那位離開天上住處、為您和您女兒而死的耶穌？祂為了我們這些將滅亡的不朽靈魂而死，也為了錫安（熙擁）與上帝的榮耀而死。您是否贊同這一切付出，都是為了將來在無比榮耀的天家，與您的女兒重逢並同享公義的冠冕？」

安妮的父親回覆耶德遜，他會尊重女兒的決定。當安妮想起這個一生中最艱鉅的挑戰與決定時，她寫了封信給好友莉蒂亞，信中提及她的眞實感受：

「如果上帝的眷顧從不停止，那麼，我會非常樂意且迫不及待將我的餘生，投身於這片蠻荒之地。是的，莉蒂亞，差不多該是時候了，我已經準備好要放棄眼前這一切再熟悉不過的舒適生活與享樂，放下一切親情與友情，前往上帝在祂的永恆計畫裡已然爲我預備的地方。」

一八一三年，這對年輕夫婦毅然前往緬甸；一如所料，苦難接踵而至。一八二四年，耶德遜被關進牢房裡，監禁長達十八個月之久。每晚，他的雙腳被反綁，頭下腳上地被倒掛起來，讓身體不斷往下垂落，直到肩膀與頭部觸碰到地面。耶德遜被關的地方，超過攝氏四十三度高溫，猖獗的蚊子狠叮他全身直到天亮。而就在這水深火熱之際，安妮有孕在身，卻挺著便便大腹，每天走超過三公里的路，爲耶德遜尋求法律資源而四處奔走，好讓他早日被釋放。歷經一年在牢裡日日以腐爛的食物充飢，耶德遜日漸瘦弱，雙眼凹陷，衣衫襤褸，甚至被凌遲虐待至雙腿都瘸了。他們的女兒瑪利亞出生時，耶德遜還在牢裡。安妮和身陷囹圄的丈夫一樣瘦骨如柴，生產後，她因為太虛弱，以致沒有奶水來親餵剛出生的寶寶。負責看管牢房的獄卒因為同情這對夫妻，而偷偷讓耶德遜在天色漸暗的傍晚時分離開牢房，抱著寶寶四處尋求鄉下的好心婦女協助餵乳。不久，耶德遜獲釋。然而，一家三口重聚不到數年，安妮卻於三十七歲那年因一場出疹發燒而離世。因著耶德遜與安妮付出了生死的生命代價，才能完成第一本緬文《聖經》的翻譯。而今，在這個軍事鎖國的佛教國家，竟有高達三千七百名會眾的基督教信仰，這都要追溯至耶德遜與安妮對上帝「無論何處」的回應。這一切，只因為上帝指向緬甸，對他們說：「就那裡吧。」

〈路加福音〉第九章的這位老兄，興致高昂地回應耶穌，「無論何處」他都要跟隨，直到耶穌指出「那裡」之後，一切才急轉直下。另一個使我們難以隨處跟隨耶穌的原因是，每一次當耶穌指向某處時，我們經常以為那只是個建議，而未曾認眞將耶穌所指視爲命令。美國加州的一位牧師拉瑞．奧斯本（Larry Osborne）曾指出，在尋常生活的各個層面中，我們常把上帝當成個人專屬的顧問，而非尊祂爲生活中的主。奧斯本牧師這麼寫道：

「今天，顧問是個提供重要意見的人，我們高度仰賴與接受他的智慧與見解，但最終，我們仍得自己下判斷，做最後的決定。這就是爲什麼他們被稱爲顧問。問題來了：上帝從不扮演這個角色。過去不會，未來也絕不。祂就是上帝。如果我們把祂當顧問，你最好別期待祂會在會議中出現。」

耶穌希望跟隨者在「不知未來去向」之前，便點頭允諾。一個眞正的耶穌跟隨者會說：「我的答案是『是的』。現在，你要我去哪裡？」耶穌可能會指向緬甸，也或許指向對面那條街。

這一週，我聽聞一個家庭回溯起一段超過五十年前的故事，發生於伊利諾州的聖約瑟小鎮。那是個尋常的週日午後，慵懶的週末，一家人百無聊賴地窩在家裡。忽然，一陣敲門聲傳來。門外是兩位男士，其中一個是哈伯（Orville Hubbard）。哈伯在油田工作，教育程度不高，就只是個非常平凡普通的人。另一位是吳爾富（Dick Wolf），吳爾富的妻子和這個家庭的女主人曾經在同一家醫院同時分娩。兩位男士徵得主人同意，進到屋內，表明要借用幾分鐘時間和這家人談一件對他們而言，極其重要的事。男主人和妻子坐在沙發上，好整以暇地想聽聽這兩位男士到底要說什麼。哈伯與吳爾富開始侃侃說起福音，他們告訴這對夫妻，與耶穌基督建立關係是怎麼一回事。這對夫妻安靜地坐著聆聽。這段故事中有一個重要細節與線索不容忽視。當四個大人在談話時，這家庭的另一個小成員，即八歲的小兒子，當時在一旁玩著他的小卡車。每一個人都以為他在專注地玩著玩具，殊不知大人的字字句句都進到他的心裡了。那個關鍵性的午後，徹底改變了這個家庭。一週後，男女主人和他們的兒子，決定把自己的生命獻給基督，並接受洗禮。這一切，只因為兩個平凡的跟隨者對主說「無論何處」，而耶穌指示了這個家庭的大門，他們便去了。

我想，我應該可以這麼說——如果這兩位男士在一九五六年時沒有鼓起勇氣去敲那戶人家的大門，那麼，我也無法在二〇一一年時完成這本書的寫作。應門並開門的男女主人，正是我的祖父與祖母，而那位趴在地上玩車子的八歲小男孩是我的父親。將來有一天，大夥兒在天堂相見歡時，我必須向哈伯與吳爾富好好致謝，感謝他們成爲認眞的跟隨者，而非粉絲。我相信那一天他們其實可以找到其他事來做，不一定要去敲門傳福音；我也相信那對他們而言，需要很大的勇氣來戰勝心中的彆扭與不自在，但他們選擇順服。這兩位我來不及謀面的平凡男子，因爲決定「無論何處，都要跟隨耶穌」，於是，他們出現在我祖父家的大門前。

我可曾說過「無論何處」？

耶穌在〈路加福音〉第九章回應那位粉絲的內容，著實讓人難以許下「無論何處」的承諾。其中一個原因是，耶穌直指跟隨祂的這條路，充滿危難與不確定因

每一次，
當我們對某個承諾所將引致的未來感到憂心懼怕時，
我們的下意識反應是拒絕。

素。如果一個人決定要跟隨耶穌，但卻不曉得他前行的方向，只被告知恐將餐風露宿、居無定所，誰還敢跟呢？當他無法跟隨時，顯然那是出於害怕。每一次，當我們對某個承諾所將引致的未來感到憂心懼怕時，我們的下意識反應是拒絕。懼怕感常迫使我們進一步追問：「**萬一……**」萬一我嫁給他，而他卻仍不改變呢？萬一她變了呢？萬一我接受這份工作，但情況卻不見好轉呢？萬一我失敗了呢？凡此種種顧慮與懼怕，都影響了我們對耶穌的回應。萬一祂指向我隔壁鄰居家，要我去分享信仰呢？萬一祂指向「遊民之家」，要我去服務他們呢？萬一祂要我領養國外的小孩呢？萬一祂要我返回童年舊居去修復一段破損不堪的關係呢？心理學家告訴我們，人們面對懼怕時，最常使用的方法是逃避；面對那些會引發焦慮的對象與地方，我們避之唯恐不及。在《聖經舊約》的敘事裡，記錄了一位名叫約拿（約納）的先知，被上帝呼召到尼尼微城去傳福音，但約拿害怕不依，在《約拿書》（約納）第一章三節中寫道：「約拿……躲避耶和華。」

回頭來看〈路加福音〉中這位粉絲，我們發現他之所以搖頭說不的另一個原因是，耶穌的回應令他感覺不舒服。想想看，如果你一開始滿腔熱血地告訴耶穌「無論何處，我都跟隨」時，耶穌的回答竟是要對方走出自己的安全地帶，離開你的舒適圈——「走出安全地帶」可以這樣定義：「當你對上帝點頭說好時，意味著你要對自己的某部分說不。」爲此，我寄出電郵給一些朋友，請他們來接力完成這句話：**「當我決定向耶穌說『好，我願跟隨』時，意味著我必須放棄……」**

以下是我收到的回應：

「當我決定向耶穌說『好，我願跟隨』時，意味著我必須放棄讓孩子們在美國的舒服環境與家園中成長。」（前往非洲當宣教士的好友）

「當我決定向耶穌說『好，我願跟隨』時，意味著我必須放棄和我的童年玩伴在夜店哈拉玩樂。」

「當我決定向耶穌說『好，我願跟隨』時，意味著我必須放棄和男友繼續同居。」

「當我決定向耶穌說『好，我願跟隨』時，意味著我必須放棄退休，並遷回在佛羅里達一手建立的老家。」

「當我決定向耶穌說『好，我願跟隨』時，意味著我必須放棄讓孩子在祖父母的照顧下成長。」

「當我決定向耶穌說『好，我願跟隨』時，意味著我必須放棄享有安靜而隱私的生活。」

當我一一詳閱這些回應時，不管從哪個角度來檢視，其中一個共同點不外乎：

「跟隨耶穌，意味著走出舒適圈。」

除了我們自己的想望以外，更多時候是我們的家庭催促我們要建立一個舒適安逸與安全的生活。他們並不反對你跟隨耶穌，但他們恐怕無法接受這位耶穌可能會把你帶往一個險阻重重、犧牲奉獻的地方。在我二十一歲那年，我清楚感知到上帝要我去開疆闢土，建立教會。我把上帝要我到洛杉磯去開拓並建立教會的呼召，和我那信仰認眞而敬虔的祖母分享。我永遠記得祖母無比驚憂的反應，我甚至合理推斷她當下一定以爲我瘋了。我永遠記得她憂心忡忡地問了我一連串的問題：「萬一你到了那裡卻沒有人到教會去呢？萬一你找不到適合的地方呢？萬一教會付不出薪水，你要怎麼照顧你的家庭？你確定你已經準備妥當了嗎？萬一這一切的計畫都行不通呢？」

我當然知道祖母的這些問題是出於對我的關心和愛，因爲她捨不得讓我冒險、受傷。祖母沒有任何惡意，但如果我照著她的想法走下去，我或許可以乾脆搬進她的空客房，每天早晨享受祖母爲我準備的肉桂卷和鮮奶。她樂見我跟隨耶穌，至於「無論何處」嘛，拜託請確保「那處」是個安全穩妥之處。

「無論何處」的定義

當那一天，那位仁兄站在耶穌面前，信誓旦旦地拍胸脯保證「無論何處都要跟隨」時，我實在不確定他到底知不知道他所許下的承諾爲何。於是，耶穌把他稍顯空洞的保證鋪上一層皮，好讓他清楚明白那幾個字「有血有肉」的眞實面貌。耶穌幫助這個人認清，「無論何處」極可能含括從一個城市移動到另一個城市，有時候甚至得忍受像遊民那樣居無定所的窘境。我懷疑，那恐怕不是這位熱血仁兄最初所想像的狀況。

這讓我想起一件事。我曾經和一對即將步入禮堂的準新人談話，我嘗試把許多「未經增刪的眞實版婚姻生活」等細節和面貌告訴他們。我發現，很多人抱持近乎夢幻般的浪漫想像進入婚姻，他們甚至對自己所許下的諾言毫無所知。因此，我努力爲這對即將成爲夫妻的情侶，描繪一幅婚後的眞實面貌，爲他們做好心理建設，好讓他們充分明瞭，那些婚姻誓言在歷經一年的相處後，將呈現什麼樣的狀況。我告訴新娘：「差不多一年後，當你走進臥房準備就寢時，你赫然發現自己的丈夫身型走樣，增肥至少七公斤。他大喇喇地坐在沙發上，目不轉睛地一邊盯著電視螢幕的體育頻道，一邊咕嚕咕嚕地喝著大碗穀類飲品❷；偶爾，他還會拿起剛剛用過的湯匙朝背部刮兩下，抓抓癢。」

然後，我轉向新郎，告訴他：「差不多就在這個時間點，你會發現老婆越來越像你媽了，不斷告訴你喝東西不要發出聲音，還要到角落去喝。你抬頭看著她，她果真像足了你媽。她開始穿起了最簡樸、最居家的睡衣，一張臉常塗滿各樣面膜或乳液。」我這麼做，是希望他們充分明白自己的選擇與決定。而我最常做的其中一件事是，把婚約裡的字字句句都一一解構與注釋，讓立下誓約的兩人認清這些諾言背後的實況。當然，這麼做大大降低了婚禮中詩情畫意的婚約，但請仔細留意這些婚約的實際應用：

「不論順境或逆境」：他高升了。他被炒了。她懷孕了。她流產了。買下第一棟房子。第一棟房子賣不掉，只好搬進小公寓。

「不論富足或貧窮」：有閒錢上館子吃一頓好的。上週一整個禮拜只吃

---

❷如果他喝的是「Frosted Flakes」牌子的穀類飲品，請記得給他一個嘉獎。

泡麵。存夠錢可以計畫退休了。最近經濟狀況嚴重透支，而帳單的繳款日已迫在眉睫。

「不論病痛或健康」：當他壯得可以把你抱起來穿過那扇門。當他老得走不動必須靠你協助推輪椅。當她年輕而朝氣勃勃。當她垂垂老矣而筋疲力倦。

想當初我剛結婚不久，我和妻子一同前往探視一對夫妻，這個家庭正面臨極大的難處。那位先生罹患癌症，當時正接受化療與電療，這種雙管齊下的療程是個超過身體可以負荷的艱鉅任務。幾週以後，只見他形容枯槁，消瘦不少。我們待在他的臥室裡，讀《聖經》給他聽，正準備要爲他禱告時，忽然聞到一股強烈的異味。我趕緊禱告，然後和妻子先行避開，步出房間。我緊握妻子的手，站在外面等待。我知道臥室裡正發生什麼事。這位病人虛弱得無法控制自己的排便，遑論自行清洗。他的妻子正忙著幫他更換紙尿片。幾分鐘後，這位妻子走出來，我永遠記得她

「無論何處」不只是一種情感性的表達，而是一種生活方式與態度。

臉上一抹而過的淺笑，淡然地說出一句話：「不論病痛或健康。」我也記得自己當時的豁然了悟：「喔！原來那句話的意思是這個。」

這就是〈路加福音〉第九章那位老兄所面對的處境。他說：「無論何處，我都跟隨。」耶穌卻回答他：「我連頭枕的地方都沒有。」這人開始想：「喔！原來那句話的意思是這個。」

把〈路加福音〉第九章的這個人，和跟隨耶穌的門徒馬太（瑪竇），來對照比較，我們發現，身爲利未人（肋未人）的馬太，知道跟隨耶穌意味著放棄眼前一切的舒適環境與可掌握的資源，於是毅然跟著耶穌走向不可預知的道路。

當一個徒弟最終被老師（拉比）正式認定爲跟隨者時，他們必須離開自己的家，放棄原來的工作，以及任何使他們無法專注跟隨的人事物，眞正做到「無論何處都跟隨」。在這裡，「無論何處」不只是一種情感性的表達，而是一種生活方式與態度。所以，當身爲老師的拉比決定要上菜市場，學生必須跟著去；當拉比決定要移動到另一個城鎮，他的學生也必須跟著去；如果拉比需要前往某處探望病人，學生也要一同前往。當拉比休息就寢，學生也跟著睡覺；當拉比進食時，學生也會跟著吃。學生們緊緊地跟著拉比一起生活、一起行動。這種亦步亦趨、如影隨形地跟隨拉比的師徒關係，可以從一句已成爲基督教圈子裡眾所皆知的猶太諺語中，一窺其面貌：「願你被老師的塵埃覆庇。」因爲緊跟著老師的步伐，因此，老師走路時揚起的塵埃都撲向學生身上了。

用一句最直白的說法來定義「耶穌的跟隨者」，是「耶穌去哪裡就跟到哪裡的人」。如果你根本不想跟著耶穌走，我不知道你如何稱自己是耶穌的跟隨者。如果你「無論何處」都願意跟著耶穌，那麼，你將發現自己被帶往眾人不願靠近的罪人聚集之處，你將發現自己置身於眾人遠避的病人所在之地。如果你緊跟著耶穌，那麼就要有心理準備，你會被那些宗教敬虔人士批判。如果你緊跟著耶穌，你的家人可能會誤以爲你走火入魔……。你甚至會發現，自己被充滿政治鬥爭的辦公室無情地攻擊與打壓。最終，當你眞的決定要「無論何處都跟隨耶穌」時，前方揚起的塵埃不僅直撲而來，你還會被祂的血液所覆蓋。

非粉絲小見證

詩塔兒的生命故事

我是個從小在基督教家庭長大的女生，這輩子從未踏入過脫衣舞廳。但我清楚感受到從上帝而來的呼召，要我去幫助那群投身性產業的女性。我其實不曉得要從何處著手開始進行這份關懷工作，但我很確信，自己已從上帝領受了一份對這群女性的熱情，要讓她們知道，上帝有多愛她們，而她們在上帝眼中是何等寶貝。雖然如此，每每要跟身邊的人提起自己的這份熱情與呼召，我仍難以啓齒。坦白說，涉入聲色場所對一個標準基督徒女生而言，實在有欠妥當。儘管我總是猶豫再三，我知道上帝已經提醒我要準備採取行動了。祂在意的是我的行動，而非僅止於對這群性工作者的同情或憐憫。上帝要我爲此做一些事。

二〇〇八年，我成立了「紅盼望」（Scarlet Hope），作爲接觸性工作者的組織。我們準備了帶有南方溫暖人情味的超級晚餐，到脫衣舞廳去和她們一起用餐。我們的禱告與目標，不只是讓她們肚腹飽足，而是要進一步滿足她們靈性上的飢渴。在一些舞廳裡，我們刻意把自己妝扮一番，戴上假髮，濃妝豔抹，只爲了有機會接近這群女孩，和她們一對一的談話。我們甚至有機會和她們在舞廳裡一起禱告。

透過這份爲特種行業者量身訂製的組織與事工，我親眼見證了無數的生命，因著被耶穌的愛所探觸而被改變，她們回轉並重新開始。我必須承認，在這過程中，我自己的心，以及我和耶穌的關係，也隨著我的投入而帶來極大的轉變。我曾經好幾次目睹耶穌現身於舞廳的更衣室後方。許多舞者向我們坦承自己的掙扎與拉扯，懇請我們爲她們禱告，有一些甚至接受我們的邀請到教會去。

好玩的是，這群舞者開始叫我們「教會的女士們」。我從未想過有一天，我竟以如此傳統的稱謂來爲上帝進行如此前衛的工作，不過，我相信那確實是上帝要我成爲的樣式與身分。

我是詩塔兒，我不是粉絲。

第13章

無論何時都要跟隨耶穌？那就現在吧！

不算拒絕，只不過還需要等等

我最近在網路上瀏覽了一個網站，叫「藉口多多的媽媽」。許多網友透過這個網站分享各種千奇百怪的藉口和理由，好讓他人可以「資源共享」。光是職場上可用於遲到或翹班的理由就超過四百種，而翹課的藉口更高達五百多種；其他還包括上百個爽約的藉口，實施減肥計畫時自欺欺人的託辭，當然也少不了被交警臨檢時可以派上用場的理由。

我摘錄了部分值得收藏的「最愛藉口」，聽起來應該屬實：

「我今天上班遲到，是因爲我在等藥劑師幫我調配一種特殊的軟膏。」

「這件事我恐怕辦不到，因爲我的妻子已經安排好今天要懷孕。」

「這件事我恐怕辦不到，因爲頭腦裡有個聲音提醒我，今天得去擦拭好幾支槍械。」

「我必須取消今晚的演講，因爲我用棉花棒挖耳朵時，不小心太用力傷了到鼓膜。」（沒錯，這正合我意。）

上一章我們提到，那位想成爲跟隨者的老兄，主動來找耶穌；而這裡，我們將認識另一個人，不過卻是耶穌去找他。經文裡對第二個人物著墨不多，我們只能從他無法跟隨的藉口和理由來拼湊他的面貌。

「（耶穌）又對一個人說：『跟從我來！』那人說：『主，容我先回去埋葬我的父親。』耶穌說：『任憑死人埋葬他們的死人，你只管去傳揚神國的道。』」（〈路加福音〉9：59～60）

這個人受邀來跟隨耶穌。我們無從得知他的名字，如果他願意跟隨的話，或許我們就有機會認識他，因爲他可能就成爲耶穌十二個門徒之外的第十三個門徒。很可惜他沒有答應，因此，《聖經》經文省略了他的姓名，而他的身分也永遠淹沒在歷史巨流裡，不再被記起。

耶穌用了同樣的四個字，挑戰他來跟隨，一如呼召馬太（瑪竇）和其他門徒一樣。耶穌也用這四個字來呼召你和我：**跟從我來**。

從這個人脫口而出的第一個字來判斷，他其實是樂意跟隨的，因他稱呼耶穌：「主」。這是奴隸對主人的稱謂，由此可證，他清楚知曉耶穌對他的邀請和挑戰。但他接下來的回應卻是：「容我先……」他並未拒絕，他其實想要跟隨耶穌，只不過「現在不是時候」。他提出了一個理由，試圖拖延一下耶穌的邀約。

雖然耶穌對這個人的理由似乎不太感興趣，但我必須讓你知道，我覺得他的理由合情又合理。他不過想爲去世的父親辦一場告別式和葬禮，這不爲過吧？耶穌也未免太不近人情了！就讓這位弟兄去埋葬他的父親嘛！不過，如果我們詳細考查當時的背景，其實這句話的意思是，這位先生的父親還活著，或許身體微恙，但仍健在。所以當這個人說：「容我先回去埋葬我的父親」，其實，另一種更貼近實況的說法是：「等到我的父母離世以後，我再來跟隨你。」我們不曉得他爲何要等到父母不在以後，才要來跟隨耶穌。有沒有可能，他的父母不容許兒子去追隨一位不符體統又具爭議性的拉比？或是，他不敢告訴父母，自己恐怕無法繼承家族事業？還是，他正等著繼承一筆數量可觀的遺產？

不管理由是什麼，我相信他所說的藉口與託辭，多多少少引起我們的共鳴與同感。他並非不願意，只是時機點不對。他並沒有說「不」，他只是說「現在不行」。我相信，一定有爲數不少的粉絲覺得與耶穌發展「差不多的關係」，其實沒什麼不好，因爲總有一天，總有那麼一天，等一切就緒以後，他們就會全心全意的投入與跟隨。他們一點也不覺得有什麼不對或可責之處，因爲他們心中早已認定，那只是時間早晚的問題；他們就只是任由自己浮沉於不冷不熱的信仰狀態中，自我安慰——他們沒有拒絕耶穌，只是還需要等一等。

當這個人提出要先回家埋葬他的父親時，耶穌如何回應他的託辭？耶穌沒有說：「我了解。我想你知道最適切的時間點是什麼時候。」耶穌也沒有回答：「我不想給你任何壓力，你慢慢來。」耶穌也不說：「等你什麼時候準備好了，讓我知道，我等你。」不，這些都不是耶穌的回應。耶穌明快地回答他：「任憑死人埋葬他們的死人。」由此可推斷，耶穌對我們的藉口與拖延的觀感和反應。

讓我們將這個人的回應，與耶穌呼召的第一批門徒的回應，做個對照：

「耶穌在加利利（加里肋亞）海邊行走，看見弟兄二人，就是那稱呼彼得（伯多祿）的西門（西滿）和他兄弟安得烈（安德勒），在海裡撒網；他們本是打魚的。耶穌對他們說：『來，跟從我！我要叫你們得人如得魚一樣。』他們就立刻捨了網，跟從了祂。從那裡往前走，又看見弟兄二人，就是西庇太（載伯德）的兒子雅各（雅各伯）和他兄弟約翰（若望），同他們的父親西庇太在船上補網，耶穌就招呼他請注意，「明天」這兩個字從來就不屬於聖靈的詞彙。
當耶穌邀請我們來跟隨時，
祂的意思是現在、立刻，就是今天。

們。他們立刻捨了船，別了父親，跟從了耶穌。」（〈馬太福音〉（瑪竇福音）4：18～20）

在以上經文裡，第二十節用了兩個字：「立刻」，第二十二節同樣的兩個字「立刻」再度出現。那正是耶穌想要在跟隨者身上找到的態度；而粉絲則不然。如果你問粉絲，到底何時才準備要認眞回應跟隨耶穌的呼召，最可能聽到的答案恐怕是：「明天吧。」面對我們與耶穌的關係，有時候令人想起我們在飲食計畫上的敷衍和推託——「我一定要開始吃得健康而養生！但是，先讓我把這塊炸雞肉捲餅吃掉。明天，明天我一定開始只吃營養的東西。」我們與耶穌的關係經常被當成一份成效不彰的計畫書，只剩言之鑿鑿的空言大志。每晚上床睡覺前，我們都告訴自己：「明天我一定要早起運動。」接下來的每一晚，我們都不斷以同樣的句子重新立志：「明天，明天一定要做到。」

當耶穌呼召我們跟隨時，這份邀請單上註明了「敬請回覆」的要求，而回覆的日期是：「今天。」請注意，「明天」這兩個字從來就不屬於聖靈（聖神）的詞彙。當耶穌邀請我們來跟隨時，祂的意思是現在、立刻、就是今天。

現在的問題是，你到底說了多久的「明天」？技術上來說，如果你昨天曾經說過「明天」，那就意味著今天，換句話說，此時此刻就是了！不過，即使你理性上同意這個說法，我想，或許你的另一個自我，卻像這位〈路加福音〉第九章的粉絲，猶豫搖擺，然後說：「容我先……」

我有個朋友，名叫史考特，比我年長十歲。他告訴我在他念高中時，曾經強烈感受到上帝（天主）呼召他認眞地與祂建立深切的關係，但史考特推託道：「我會的，但請讓我至少先把高中學業完成，等我上大學了，我一定會認眞跟隨。」高中畢業以後，史考特順利考上大學，上帝再度邀請他當個認眞委身的跟隨者。史考特不假思索地回應：「我一定會的！但請讓我先把大學讀完，完成這段大學課程以後吧！」拿到學位後，上帝問史考特：「那就現在吧，好嗎？」史考特說：「你放心，我一定會的，但請先讓我找到一份工作。」他如願進入職場，漸漸地，忙碌的工作占據了他大部分的時間。雖然如此，他沒有忘記與神的約定，他對上帝慨然承諾道：「我已經準備好要玩真的了，我要認真地跟隨你。但是，請讓我先完成終生大事，等我結婚了，我會努力讓生活步調放慢，讓一切慢慢穩定下來。」然後，他結婚了，成家立業，有妻有兒。孩子還小的時候，夫妻倆偶爾談及信仰，也會彼此提醒，該是時候恢復教會生活了，但也僅止於口頭上的嚷嚷說說，卻老是安排不出適切的時間，就這樣繼續拖延著。史考特不斷對耶穌說了超過二十五年的「明天吧！」。好消息是，當耶穌最近一次再邀請史考特：「就現在吧！」他終於點頭答應。歷經多少延遲，他終於成為基督完完整整的跟隨者。

這樣的故事，我們都耳熟能詳。人們以全副心思意念來拖延耶穌的邀請與呼召。年復一年，他們不斷敷衍耶穌：「明天吧！」我很欣慰，史考特的「明天」終於成真並兌現。如果有機會的話，他很想告訴你，他在「明日」的蹉跎中錯失了太多祝福。他的妻子最終離開他，把孩子也帶走，他隔週探視孩子一次，這樣，他才有充分的時間去參加「匿名戒酒協會」的成癮治療課程。在這片失守的「明日之地」，他在離婚、成癮與無法掌控的債務中，與傷痕累累的自己相遇。有時候，在錯失許多祝福的「明日之地」，我們所將面對的是不忠的配偶與失落的孩子。

要推拖婉拒，還是要立刻行動？

我發現，那些經年累月不斷對耶穌說「明天」的粉絲，常常非得等到大難臨頭或夢想破滅時，他們的「明天」才會兌現成「今天」。經過多年的推拖與婉拒，他們最終身心俱疲地轉身回到耶穌面前，把自己破損不堪的一生，重新獻給祂。

對你們當中的某些人而言，耶穌不只微聲呼召你跟隨祂，祂有時候甚至得對你大聲疾呼，搶在你流連於「明日之地」以前，吸引你的注意來跟隨祂。很多人知道我常開一輛中古房車，其實我一直搞不清楚我怎麼會買那輛車，那種中古車問題很多，大部分人開得差不多就想辦法要脫售的車子，我竟然把它買下了。我那輛車也不意外，老是讓我感覺哪裡不對勁。有一陣子，「引擎有異」的顯示燈不斷閃爍，我把引擎蓋打開，瞪著引擎，什麼也沒做，然後再把蓋子蓋起來。坦白說，光是打

上帝經常透過生命中一些警示燈的閃爍，
來引起我們的注意，
催促我們以行動來跟隨祂，走上正確的道路。

開引擎蓋就已是件很費力的事。每一次當我發動車子時，引擎燈就亮，我總是說服自己，沒事沒事，不必理會，反正我也沒錢去修理。不過，一邊開車一邊看著閃閃發亮的燈，實在是一種干擾。除此之外，如果車上還載著別人，難免一再被提醒：「你知道你的引擎燈亮了嗎？」看來，我得想個辦法解決這件事。於是，我找來一塊黑色不透明的厚膠帶，把車內儀表板上的閃燈遮起來。問題解決了，看不到閃燈了。如此這般相安無事地過了幾個月，有一天，我開著車子從超市出來，去加油，然後車子忽然就罷工不動了。我後來才知道那是變速箱失效，但我無從預先知道並做判斷。這輛車子的引擎設計與製造，就是要透過儀表板上的閃燈來提示與警告，引起駕駛者的注意與警覺——車子有狀況了。你可以選擇黏上黑色不透明膠帶把警示燈遮蓋起來，徹底忽略閃燈，假裝一切都沒問題。閃燈是提早警示的系統，如果你預先察覺，就可以免去許多壓力、痛苦，甚至省下一筆鉅款。因此，當警示燈亮起，那是提醒你——不要拖延，趕緊行動。

有一些自然法則所帶來的後果，往往源於對耶穌的拒絕，並堅持要走自己的路。當然，我不是指那些後果是上帝造成的，我的意思是，上帝經常透過生命中一些警示燈的閃爍，來引起我們的注意，催促我們以行動來跟隨祂，走上正確的道路。

關於粉絲們如何以「明日復明日」來拖延耶穌的邀請，一直等到走投無路的窘境時，才讓「明日」變成「今日」的這類故事，俯拾皆是，說也說不完。艾德被公司解僱以後，才轉身面對耶穌的邀請。他在職場上是個傑出的執行者，在生活中亦然，一切行動都在掌握中。但瞬間的鉅變，讓他措手不及，連月底的開銷與帳單如何繳付都成問題。無形的壓力所造成的虧損，不僅影響到家庭與婚姻，甚至波及他的健康。生平第一次，他無法再自給自足；生平第一次，他對上帝的禱告不再有口無心地反覆念著孩童時的禱文……。在極度匱乏與需要之際，他轉身，以從來不曾有過的態度來面對上帝。若非失去工作，他依舊是那位滿足於宗教現狀的粉絲，繼續過著年收入超過五十萬美元的優渥生活。生平第一次，他意識到自己不能再當粉絲了，他要成爲跟隨者。

凱蒂婚後逾二十年的某一天，丈夫無預警地向她提出離婚的要求。因爲離婚，她從幼年就參加的教會不再歡迎她去。當她來到我們教會時，她滿懷怨懟，身心撕裂。但就在那段最難熬的過程裡，這位向來穩定出席教會聚會的粉絲，生平第一次領受了上帝透過《聖經》對她說話，而她也決定要聆聽與回應。在極度孤單與怨恨的絕境中，凱蒂聽到耶穌在《聖經》的呼召：「凡勞苦擔重擔的人可以到我這裡來，我要使你們得安息。」然後，她決定要成爲跟隨者。

有一次，我爲艾莉絲主持喪禮。艾莉絲開車時被一輛重型卡車追撞，當場喪命。她是一位可親可愛的基督徒，熱心投入並協助教會的各樣服事。艾莉絲也常爲她的丈夫鮑伯禱告，希望丈夫早日認識這位上帝。爲了取悅妻子，鮑伯一年只來參與教會的母親節聚會一次，但在我講道的大部分時間裡，我都看見他雙手交叉抱在胸前，閉目養神。這一次，當我站在講台上對他死去的妻子讚譽有加時，我第一次看他如此認眞地回應我的信息，認眞地聆聽上帝的話語。那晚，我到他家去探望他，他邀我進去，我看見他拿出妻子的《聖經》在閱讀。數週以後，就在他妻子的棺木被抬出去的那條長廊上，他從那裡往前走來，流著淚告訴我：「我準備好了。」

我還有數不盡的故事可以告訴你——心愛的女兒罹癌，父母離異，成癮問題一發不可收拾，未來看似迷惘無望，親近的關係出現裂痕了……等等。頃刻之間，不痛不癢的宗教生活已經無法滿足生命內在的空缺。耶穌不再只是一位綁著藍色腰帶、和他們擦肩而過的精神導師，祂是他們唯一的盼望，而他們終於決定要回應呼召，成爲跟隨者。

恐怕等不到明天

「明天再跟隨」的態度，不只是錯過你的現在或未來，更大的危機是，你可能永遠等不到明天。事實上，你拖延得越久，越可能永遠失去跟隨耶穌的機會。

跟耶穌說「明天」，就像清晨時分鬧鐘響起時，一次又一次去按懶人鬧鐘，然後繼續賴床。比方說，你把鬧鐘設定爲早上六點，鬧鐘按時響起呼喚你，但你肯定得再花個十分鐘賴床才肯爬起來。隔天清晨，同樣的狀況不斷重演。到了一個禮拜以後，你按下鬧鐘響鈴的次數越來越多，而鬧鐘再度響起的時間則一次比一次長。我有一個「惡魔似的」鬧鐘，響鈴大作時，你要是輕輕按下，它呼叫的鈴聲就會一次比一次大聲，直到你受不了只好把整個鬧鐘關掉。你把響鈴按下的次數越頻繁，你就會越來越不容易聽到聲響，反應也會跟著變慢，不消多久，你將發現，鬧鐘的設定對你根本毫無作用，你倒頭繼續呼呼大睡。耶穌對你說：「跟從我吧。」但你卻對祂說：「再給我十分鐘！」你拖延得越頻繁，祂引起你注意的可能性也跟著降低。

大學時期，我有機會接觸有關人類行爲模式的一種原則：現在決定未來。「現在決定未來」的原則，解釋了大部分當下的慣性行爲模式，其實已經預告了你的未來，以及你將來的行動。在大多數情況下，你今天所做的決定與行動，也將是你明天乃至未來會做的決定與行動。你今天如何，未來也必如何；你今天不會做的事，通常你將來也不會做。

此時此刻，就是時候了。
今天就是時候了。
今天，今天就開始跟隨祂。

「你們今日若聽祂的話，就不可硬著心。」（〈希伯來書〉3：15）

此時此刻，就是時候了。今天就是時候了。不要告訴自己，等明天我再來面對自己不可告人的罪。不要告訴自己，等明天我再來對需要的人慷慨付出。不要告訴自己，等明天我再到對面那戶鄰居去自我介紹和認識他們。不要告訴自己，等明天我再報名參加宣教隊，或查經班，或中途之家的義工，或登記成為寄養家庭。今天，今天就開始跟隨祂。

我永遠不會忘記曾經為一位年輕少女所舉辦的告別式。她叫貝雯。貝雯在一場車禍中喪生時，正直青春綻放的十七歲。她的父母允准我閱讀她的禱告日誌，好讓我對他們的女兒多一點認識和了解；而當我對她的背景知道得越多，她的生命便越發激勵我。我翻閱她最近期的日誌，那是她離世前一晚所寫下的內容，一篇對上帝的禱文：

「上帝，唯有你所賜的平安，可以填補最大的空缺。可我要如何才能得到？你說：『祈求，就必得著。』我現在就來向你祈求，我相信你會賜給我。每一個禮拜，你都用厚恩待我、祝福我，並讓我學習許多功課。我知道你一再向我彰顯你的愛。當你的孩子們飽受痛苦與煎熬時，我無從描繪你的感受，但我曾經瞥見那份心疼與不捨。請以你的智慧來充滿我，好讓我不只是旁觀他人受苦，我希望自己也能對受苦中的人說他們需要聽的話。新的一週又來了，我懇切地祈求你，把憂傷心碎的人帶到我身邊，請你來充滿我，好讓我可以用你的愛來醫治他們的痛楚。」

貝雯最近才在銀行開了一個新帳戶，當她的父親去爲她取消帳戶時，才發現她不久前曾簽了一張支票，那是指明給「憐憫國際」（Compassion International）慈善組織支援兒童的捐款。在我說話之前，貝雯的父親先走上台，對著教堂內座無虛席的朋友和女兒的同學，分享了一段話。我把他當天說的話記下來。

「在貝雯離世那一天，她穿什麼衣服已不重要；她的朋友是誰也不重要了；她要讀哪一間大學也不重要了；她開什麼車子或住什麼樣的房子，全都不重要；她的成績如何已不重要；她在足球賽裡得幾分也不重要了。唯一重要的是，她在耶穌基督裡的信仰，以及她認定耶穌是她的救主。」

這位堅強的父親繼續挑戰在座的同學們，不要再等其他時候，因爲誰也不敢保證我們還有沒有明天。他問女兒的同學們：「如果你今天就要死了，你希望自己如何被紀念？」當天所有參與的群眾，都帶著一份亟待今天就要決定和改變的信念，離開會場。不要再等到明天，就今天吧！

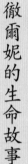

徹爾妮的生命故事

你一定從未想過，一趟計程車的短暫路途，竟改變了一個人的生命。那是我第二次到印度的旅程，我當時在計程車上，交通嚴重堵塞，車子就塞在當地一個紅燈區的中心，動彈不得。從車窗照進來的太陽光線，忽然被街上一位性工作者擋住了。那位女士身上的傳統紗麗襤褸破損，手臂上是受傷的瘀青。她開始不斷對我說話，然後試圖把手上抱著的一名女嬰從車窗外推進來給我。我身邊的朋友和翻譯員告訴我，這位母親急著要我把小嬰兒帶回家撫養，她迫不及待要爲女兒尋找一個更好的人生與未來。雖然我不是母親，但我能想像她是多麼深愛自己的女兒，多麼急切地想給她最好的一切。眼前所見的這一幕，我終生難忘。

之後，我開始更頻繁地前往那一帶紅燈區附近的中途之家。婦女手中抱著嬰兒衝向計程車的經歷，接連發生了好幾次。這個中途之家是專爲當地性工作者的孩子們所預備的地方，讓這些無辜的孩子們不必成天無所事事地待在娼寮，中途之家爲這些孩子們規劃課程，讓他們受教育，也爲他們提供餐食。

我在那裡認識了一個叫畢圖的小男生，我們見面不久就成爲形影不離的好朋友了。他總是安靜地坐在我身旁，或緊握我的手跟著我到處走走。一日將盡，當我準備離開返回住處時，他總是陪著我走到搭計程車的地方。等我上車以後，我從車窗望著他緩緩走向曲徑迷離的娼寮。每晚回家以後，我總想著畢圖剩餘的一天是怎麼過的。他安全嗎？圍繞他身邊的是哪些人？他需要什麼呢？他的未來如何？因爲沒獲得支持，所以畢圖沒有去學校上課，他的母親也無力讓他受教育。每一次來中途之家時，他的臉上總是掛著陽光般的笑容，他非常喜歡來這個地方。

印度之旅結束後，我決定不讓自己的人生重回過去舊有的軌道。我知道跟隨耶穌，意味著要做一些決定，而且要當機立斷。耶穌呼召我完全踏出我的舒適圈，走出我的安全地帶。我和幾位好友分享我在印度的所見所聞，以及我的想法，於是，我們決定成立一個非營利組織「拯救你」（Resc\You）。我們以上帝的愛，竭盡所能地去接觸那些被遺忘的孩子，那些活在難以言喻的黑暗、無助與絕望角落的孩子們。

〈約翰福音〉（若望福音）第一章五節說：「光照在黑暗裡，黑暗卻不接受光。」跟隨耶穌的呼召，對我們而言，就是先成爲光，然後走向黑暗之地，即便那過程充滿艱鉅，或令人感覺不舒服。我深知那是個生命中需要面對的大議題，但如果你曾親眼瞥見那一張張陷入絕境、走投無路的面容，你便會去尋找信仰對你的意義爲何。對我而言，信仰的意義是選擇跟隨耶穌，學像耶穌那樣對孩子們說：「讓小孩子到我這裡來。」

我是徹爾妮，我不是粉絲。

第14章

無論何事都要跟隨耶穌？那就這件事吧！

除非義無反顧，否則免談

在〈路加福音〉第九章，我們看見第三位也想成爲跟隨者的粉絲出場了。看來，這位仁兄已經準備好要跟隨耶穌了。

「又有一人說：『主，我要跟從你，但容我先去辭別我家裡的人。』」（9：61）

還記得之前那位要跟隨耶穌、但想先回去埋葬父親的粉絲嗎？這位後來登場、也想跟隨主的粉絲，肯定沒聽到耶穌一番嚴肅的言辭與教訓，但這兩位一前一後進前來表態要跟隨的粉絲，兩者之間有許多共同特質。這一位粉絲，也同樣答應要當個跟隨者，不過不是馬上跟隨。首先，請容許（是的，又是這幾個字）他回家跟家人道別。我得再一次說明，這聽起來實在是天經地義、理所當然的要求。嘿，拜託，耶穌，就讓他先回去跟他的父母好好道別嘛！不過，如果你對當時的文化習俗與背景有些了解，你就知道，那絕非跑回家和爸媽匆匆擁抱辭別而已。倘若要離開自己生長的區域，那意味著延續好幾週、一場又一場的餞別和壯行。

面對這位想跟隨卻又想要回家辭別的人，耶穌似乎被激怒了，於是祂如此回應：

「耶穌說：『手扶著犁向後看的，不配進神的國。』」（9：62）

耶穌以犁田的手作爲比喻，這個理當專注於農忙的耕田者，竟心有旁鶩，扶著犁，停了工，頻頻回頭。耶穌知道，眼前這位粉絲的請求，反應了他內心眞正所在意的事。當然，對這個人而言，跟隨耶穌並非不重要，只不過相較於其他事，跟隨耶穌顯然不是他生命中最優先的事。除非這個人願意義無反顧地把一切放下，其餘免談。一如我們在其他地方所見識過的粉絲，這位先生其實有意跟隨耶穌，只不過他想爲自己保留太多，以致無法全心全意、毫無保留地跟隨；太多的人事物，仍舊強而有力地牽絆著他的心思意念，令他頻頻回頭，戀戀不捨。

我曾經讀過一篇文獻，內容敘述中世紀期間，當時的教會爲宗教軍事組織「聖殿騎士團」開了特例，以一種很奇特的方式來爲他們施行洗禮儀式。當騎士團的成員前來受洗時，他們手上的劍也必須一同受洗。當受洗者踏進水池時，他連人帶頭都浸入水池，但一手要把寶劍高高舉起，讓寶劍露在水面上。如此特殊的姿勢與動作，解釋了騎士的信仰態度。騎士亟欲對耶穌表明：「你可以掌管我這個人，但不包括我手上這把寶劍。耶穌，是的，我全然屬於你，但至於我是誰，以及我在戰場上的所作所爲，乃至我要如何使用這把劍，一概由我做主。」我常想，如果這種受洗儀式繼續沿用至今，我們在水裡高舉的或許不是一把劍，但我猜，我們可能會迫不及待高高舉起皮夾，或者舉起電視遙控器，或甚至舉起我們的手提電腦。

許多粉絲前來告訴耶穌：「我將會跟隨你，我的一切所有，都將全然獻予你。」語畢，耶穌指著藏在你身後的東西，小心翼翼地探問：「包括那件東西嗎？」對尼哥德慕（尼苛德摩）而言，那放不下的東西是他的宗教地位與聲譽。對那位富裕的年輕官員而言，那放不下的東西是他的財富。而對這位表態要跟隨耶穌的人而言，他放不下的東西是他與家人的關係。這些人都滿腔熱情要跟隨耶穌，但他們內心深處有太多放不下的人事物，太多從過去就緊抓著無法放手的東西，阻礙了他們全心全意地跟隨。

想像一下這樣的情境。你和某人已經交往了好幾個月，一切漸入佳境。有一天，你與某人坐下來展開D.T.R.對話，確定彼此之間對這段感情的認定是一致的，而對方更進一步表態並承諾，想與你建立更深刻與認眞的關係。你樂觀其成，同時也清楚表明已準備好要步入另一個更穩定的關係。有了這份共識，你理所當然地假設你們彼此單單屬於對方。不料，數天後，你跟某人借手機，不小心瞥見手機上顯示了好幾通同一組撥出與接收的電話號碼，那是某人的舊情人。事已至此，

> 耶穌不希望跟隨者懷著三心二意、
> 猶豫不決的搖擺心態來跟隨祂。

非比尋常。如果某人打算與你建立有承諾而認眞的關係，那意味著他不該再頻頻回頭。如果他持續「手扶著犁」，且「不斷向後看」那些舊情舊愛而戀戀不捨，那麼，這段當下的愛情恐怕得宣告結束了。

耶穌不希望跟隨者懷著三心二意、猶豫不決的搖擺心態來跟隨祂。因此，耶穌直指你最在乎、最難以割捨的某樣人事物，詢問你：「這個可以嗎？」

對帕梅拉而言，耶穌提出的挑戰是：「食物！」長達好幾年的時間，食物是帕梅拉尋得安慰與滿足的源頭，而非耶穌。她最終不得不承認，如果她持續抗拒把生命中的這部分放下，那麼，她無法稱自己爲耶穌的跟隨者。

史蒂夫信誓旦旦地說：「我想不顧一切來跟隨耶穌。」於是，耶穌問道：「包括你最愛的那些娛樂節目嗎？」史蒂夫很想成爲耶穌的跟隨者，但那些充滿情色暴力的電視與網路節目，他始終割捨不了，也幾乎占據了他的生活與心思意念。他要跟隨耶穌，但不能再雙手緊扶著犁，頻頻回頭，不捨放棄。

耶穌轉身對詩蒂芬妮說：「你的孩子們呢？」詩蒂芬妮稱自己是耶穌的跟隨

者，但她的生活仍舊以自己的孩子爲中心，而非耶穌。孩子是她的一切，牽動並影響她的每一個細胞與情緒，包括快樂、不安與焦慮。

對道格來說，耶穌的提問是：「你的金錢呢？」長久以來，道格的自我認知與價值感，是建立在金錢，以及所有金錢買得到的物質上，而非成爲耶穌的跟隨者。及至面臨經濟上的打擊後，道格才開始意識到，雖然自詡爲耶穌的跟隨者，但他卻耗盡一生中的大部分時間在追求金錢的事上，且頻頻回首與留戀。

你的意志有多專注和堅定？

在《舊約》經文裡，記載了一則有關跟隨耶穌的精采故事，充分闡釋了什麼樣的承諾與行動，才是耶穌所尋找的典範。這段故事記載於〈列王記上〉（列王紀上）第十九章。以利亞（厄里亞）先知受託付，去選召以利沙（厄里叟）作爲他的傳承者。當以利亞找到以利沙時，以利沙當時正在耕地，帶著十二對水牛在田裡工作。有田有牛，這個背景提供了重要線索——以利沙的家境富裕，事業有成。當以利亞進前來找以利沙時，我很好奇，以利亞會不會開始暗自嘀咕：「哦，這樁交易可不簡單吶，以利沙要捨棄的東西恐怕太多了。」如果以利沙決定要回應上帝（天主）的呼召，跟隨祂成爲先知，就意味著他必須揮別家人親友，還得放棄經營得不錯的事業。當以利沙一聽聞上帝對他的邀請，他並未想著要如何把事業暫時擱置一旁，他也沒有針對合約內容嘗試進行協商，看看有沒有可能從全職轉爲兼職。我們從經文的敘述中看見，以利沙當下就宰了耕地之牛，用套牛的器具煮肉給鄰舍鄉民吃，隨後便起身跟隨以利亞。他不給自己留下後路，以具體行動表達自己跟隨的專注與堅定之意志，不再回頭。

當你接受了耶穌的邀請、決定跟隨祂時，你不只聲稱祂爲你生命中最優先的順序，事實上，你是把祂當成生命中唯一的優先。一如愛情般，祂渴望你全然屬於祂，祂不想和別人分享你；祂要的是你全部的注意力，以及你毫無保留的承諾。祂要你專心投資在祂身上，勝於你在股票市場上的投注；祂要你把更多時間與才幹奉獻予祂，更甚於你在職場上的付出。祂希望你在敬拜祂時喜樂滿溢且精力充沛，而

當我們舉步跟著在前頭領路的耶穌緩緩前行時，
如果我們且走且頻頻回首，
毫無疑問地，令我們回頭不捨的，
必是足以取代耶穌的人事物。

非只在觀賞大型遊戲節目時才雀躍興奮。

當我就讀高中時，我父母身邊的不少好友都以離婚收場。其中一個家庭的故事是這樣的。爲妻的首先不忠，婚外情持續發展著，做丈夫的因這突如其來的打擊幾乎擊潰，痛苦得不知如何面對。他仍舊深愛出軌的妻子，也很想努力挽救這段支離破碎的婚姻，但家門外另一個男人也急切想要他的妻子，兩個男人展開爭奪戰，這位妻子面臨難以取捨的抉擇。

有一晚，我父親走進我的房裡，準備要和我一起禱告。就在我們爲這個危機四伏的家庭禱告之前，我們約略聊了一下當時的狀況，我問了父親一個問題：「如果同樣的事發生在我們家，發生在你和媽媽身上，你會怎麼做？如果你是那位丈夫，你會怎麼做？」

父親當時的反應，令我萬分驚詫，我至今仍忘不了。我父親是公認溫文儒雅的紳士，慈悲善良的好好先生。但那一晚，當他針對我這個假設性的提問回答時，他這麼說：「首先，我會到樓下，在你的棒球木棒手把上鑽一個洞，用一條皮帶穿過手把的洞，綁在我的手腕上。然後，我會到那男人的家門口，厲聲吆喝警告他，他要是膽敢再靠近我老婆百碼距離內，我就把他的雙腿打斷！」

話一說完，我父親趕緊以「我們禱告吧」來轉移話題，匆匆結束這段對話。我記得當時自己對父親一反常態的回應，訝然不已。對一個高中年紀的孩子來說，我不明白向來溫柔的父親，何以不顧形象，咬牙切齒地要以卑鄙手段打擊對手。但如今，身爲一名已婚的丈夫，我已完全了然於心。

那其實就是上帝對我們的愛，那也是上帝期待我們愛祂的方式。請你務必明白一件事：耶穌深愛你，甚至願意爲你死，只爲與你建立一份深切的關係。祂不會將你的眞心相待，輕易地與別人分享；祂不惜付出一切代價，只爲要贏得你毫無保留的奉獻與專注的愛。當祂爲你犧牲自己的性命時，祂是如此堅定，既不退縮，也不妥協。而今，當你領受祂的愛時，祂也毫不妥協地要求你做出同樣的回應。

耶穌總是要求跟隨者放下一切，祂對他們的回應和態度絲毫不退讓。耶穌何以如此堅決？理由很簡單，因爲那些我們最不願意放棄的東西、最割捨不下的人事物，有一天最有可能取代耶穌。是的，我指的正是牽絆我們的偶像。當我們舉步跟著在前頭領路的耶穌緩緩前行時，如果我們且走且頻頻回首，那麼，毫無疑問地，令我們回頭不捨的，必是足以取代耶穌的人事物。

當我們最終忍痛捨下了，我們終將發現，那一份跟隨耶穌所經歷的踏實與滿足感，是「手扶著犁向後看」時所難以比擬的。

划得來與划不來的交易

我知道，在我們內心深處，總是抗拒對耶穌全然奉獻，不願爲耶穌而獻上自己的所有。我們總是算計，總是害怕自己會因此而失去很多。但耶穌卻不斷問道：「你愛我嗎？你到底相信我嗎？若然，那就請你放下一切，來跟隨我吧！」把從上帝那裡領受得來的一切，再白白獻給祂，這世上還有什麼比這筆交易還要划算的呢！從美國前往南美洲厄瓜多印第安人部落的著名宣教士吉姆．艾略特（Jim Elliot），在宣教初期即被當地原住民殺死。他在殉道前曾說過這麼一句話：「爲得到那不會失去的，而付出那不能保有的，這人一點也不傻。」

〈詩篇〉（聖詠集）一〇六篇十九節至二十節，回溯當時剛離開埃及的以色列人，趁摩西（梅瑟）上山從上帝手中接受「十誡」時，竟在山下自行鑄造金器，打造偶像，當神膜拜。詩人在這裡如此敘述他們的所作所為：

「他們在何烈山造了牛犢，叩拜鑄成的像。如此將他們榮耀的主，換做吃草之牛的像。」

那實在不是個理想的交易。有沒有想過，當我們對一些人事物堅決不肯放手、拒絕交出去時，我們其實是把跟隨耶穌的機會，和這些東西交換。

你曾否以一輛可以拉風甩尾的車子，與跟隨耶穌作為交換？你曾否以一份優渥的職位，與跟隨耶穌作為交換？你曾否以一間裝潢與功能俱佳的房子，與跟隨耶穌作為交換？你曾否以起起落落的股票指數，與跟隨耶穌作為交換？你曾否以你熱愛的夢幻球隊，與跟隨耶穌作爲交換？那其實不是個勝算的交易。當然，我必須先說明，以上所說的一切狀況和事物，一點兒都沒有錯，也不是什麼罪惡之事，只不過，我們太容易把這些好事誤以爲是上帝的事。曾幾何時，這些好事被我們過度放大與重視，以致我們無法全心全意地跟隨基督！一代先哲奧古斯丁（Augustine），曾將這些阻礙跟隨耶穌之事，視爲「失序的摯愛」——它們看起來都是合理的事，但卻常在我們的生命中失了分寸、亂了順序。

身爲牧師，過去幾年來，我主持過不計其數的喪禮與告別式。有些時候，我和躺在棺木裡的死者並不熟識。爲了讓我的講道和死者及其家庭有更多關聯，我通常會邀請死者家屬聚集一處，請他們分享與死者之間的故事和關係。這些家屬會告訴我有關死者的興趣，以及他所熱衷的事物。那是觀察一個人如何被認知、被認同的最佳時刻——喔，他曾是個高爾夫運動的狂熱分子。她是個能幹又多產的拼布高手。他是個標準運動迷。她是個才華洋溢的設計師。他愛抽優質的雪茄，也是雪茄收藏者。她熱愛百老匯的演出，是《歌劇魅影》的忠實影迷。他對車子著迷不已。

她是個與生俱來的音樂家。他是個傑出的商人。她是個可親可愛的母親。他是個常常鼓舞人的好父親。

家屬從不同的角度去形容與描繪離世的至親，我把這些重點都一一記下。但是，每一次當我細細聆聽死去的人如何被紀念、被描述時，我總在心裡默默祈禱：「拜託，告訴我，這個人很愛耶穌。當然，成爲一位慈愛的好母親、或才華出眾的設計師、抑或天生的音樂家都很棒，但拜託請告訴我，告訴我這位死者也同時是個耶穌的跟隨者。」

走到生命的終點站，我以爲這才是最重要的關係。回頭來看看〈路加福音〉第九章的這位仁兄，他最終並沒有成爲耶穌的跟隨者，因爲對他而言，家庭比跟隨基督更重要。或許有一天當他離世時，他的家人會這樣敘述與追憶他的一生：「他是個重視家庭的男人，沒有任何東西可以取代家庭在他心目中的地位，他總是把家庭放在最優先的位置。」那些在座的會眾，或許會這樣想：「他凡事以家庭爲重。哇，可以這樣被人感念，多好啊！」但別忘了，將有那麼一天，這個人會與是什麼使你無法忠於基督呢？
對你而言，
哪些是忠於基督的勁敵？

神的兒子耶穌基督面對面相遇。他原本有機會成爲耶穌的跟隨者，差點就能成爲參與耶穌基督改變世界的一分子，但卻永遠錯過了。屆時，那一份「以家庭爲重」的特質，不再是品格的優勢，而是個愚蠢的象徵。他把家庭置於跟隨耶穌之前，到頭來才發現這實在是一樁划不來的交易。

是什麼使你無法忠於基督呢？對你而言，哪些是忠於基督的勁敵？你可能雙手緊握著犁，但不斷讓你回頭觀望的到底是什麼？除非你先把所有的一切都放下，交付予耶穌，並尊祂爲生命中之首，否則，你將無從經歷那份全然投身於跟隨基督所帶來的眞正喜樂與滿足。

不保留、不退縮、不後悔

當我就讀高中時，我閱讀了威廉．波頓（William Borden）的傳記，他對基督毫無保留而堅定的跟隨，深深影響了我成爲傳道人的決定。要敘述威廉．波頓這個人，可以從很多不同的角度來描繪——他是個眾所周知、永遠的「基督跟隨者」；

你也可以說他是個「多方位的百萬富翁」，因爲這位生於一八八七年、含著金湯匙出生的小子，其父經營食品事業，以今天的財務標準來衡量，這個事業價值逾千萬美元，而他是法定繼承人；你也可以說他是「常春藤名校的優秀畢業生」，因爲他不但以榮譽生畢業自耶魯大學，也從普林斯頓取得碩士學位。但是威廉．波頓毅然決定成爲基督的跟隨者，離開令人稱羨與豐厚的家業，隨從耶穌對他生命中的呼召，定意要傳福音給穆斯林族群。

威廉．波頓高中畢業時，他的父母送他去環遊世界。當他從歐洲、亞洲遊歷到中東時，上帝在他的行程中呼召他去接觸那些尚未聽聞福音的人，把福音的好消息傳給失喪的人。他寫家書給父母，告訴雙親，他在旅途中決定把生命獻給耶穌，成爲宣教士。在那一趟旅途中，威廉．波頓在他的《聖經》中寫下這幾個字：**不保留**。

他知道，唯有如此，這條跟隨耶穌的道路才能全然委身。威廉的父親堅持要他上大學，於是他考進了耶魯大學。在大學一年級時，他發現身邊很少人像他那樣認識基督且充滿熱情，於是他找了一位朋友，相約每天早上一起讀《聖經》、一起禱告。不久，有越來越多人加入他們讀經與禱告的群體，這股對信仰的熱誠像一團火，漸漸引燃整個校園，不管任何時候，總能看見學生各自聚集在校園的角落，一同讀《聖經》與禱告。大四那年，單是其中一組的學生聚會人數就已高達一千人。在他的其中一篇日誌裡，他這麼輕描淡寫地記下一段話：「每一次，總要對自己說不，對耶穌說是。」

在他就讀耶魯期間，威廉也投入當地「新天堂」區域的遊民與受傷者的照護工作。他在大學裡成立了「耶魯盼望宣教」（Yale Hope Mission）基金會，協助酗酒與吸毒者走出成癮轄制，重返社會。威廉的父親在他大學期間離世，留下一筆鉅額的家族遺產給他。即將畢業離開耶魯之前，威廉在他的《聖經》中寫下另外幾個字：**不退縮**。

他知道，跟隨耶穌意味著義無反顧、不能回頭。他非常清楚，耶穌已經把世界宣教的使命放在他心中，而他也已決定要把福音傳給中國甘肅省的人民。爲了前往這個以穆斯林居多的宣教區域，威廉先到埃及去學習阿拉伯語。當他在埃及期間，二十五歲的威廉不知何故竟得了急性脊髓膜炎，一個月後便離世，安葬於埃及的開羅。

或許有人會說他運氣不好，這樁交易的投資報酬率太低——他放棄了家庭，放棄了人人稱羨的大好前途與錢途，只爲了要跟隨耶穌的呼召，成爲宣教士，但他連宣教之地都尚未踏上，便已壯志未酬身先死。不過，當我們回頭來看這位曾經在耶魯大學點燃復興之火的威廉，已然透過他的宣教工作與機構，影響了無數人，而他的生命故事與對信仰的熱誠和堅毅，鼓舞了數以千計的宣教士。當他死後，人們在他的《聖經》裡發現了三句話，完整地詮釋了他成爲耶穌跟隨者的一生：

不保留（No Reserves）

不退縮（No Retreats）

不後悔（No Regrets）

你是不是也活出這種跟隨基督的生命？如果要你捨棄一切，一心一意成爲耶穌的跟隨者，對你而言，會帶來什麼樣的改變？

如果可以重新選擇……

我想邀請你來想像一下，有一天當你的生命走到盡頭時，你沒有直接被帶到天堂，卻發現自己獨自坐在大銀幕的電影院裡。這樣的場景，雖然不盡然符合你對直達天堂的想像，但如果有提供爆米花的話，或許勉強可以接受。接下來，你耐心等待電影上演。實在不確定會演哪齣戲，不過，拜託別再找喬治・伯恩斯（George Burns）和摩根・費里曼（Morgan Freeman）扮演上帝了！燈光緩緩轉暗，演員名單首先打在銀幕上。頃刻間，你赫然發現大部分的演出人員你都認識——你的雙親、你的配偶、你的孩子們、你的朋友……都在電影裡，你的名字則列於第一順位。毫無疑問，你是這部影片的主角。斗大的片名，打在銀幕上：粉絲或跟隨者——另一個版本的故事。

電影開始了。一開始，你認得那些發生在眞實生活中的場景和細節，然後，演出內容和曾經發生的眞實狀況漸漸有了出入，開始出現一些不同角度、不同版本的演繹。其實，這是神學家長久以來的爭辯——到底，「全知的上帝」是否知道我們的未來，以及那些不曾發生的潛在未來？電影裡的每一幕，都以眞實發生過的事件作爲開始，但卻以與事實不符的想像作結束。

好熟悉的第一幕。那是你的第一次約會，聽著電影裡的對白，你對那些談話內容仍記憶猶新。你約會的對象不是基督徒，雖然如此，那段戀情卻帶給你無窮樂趣，於是你決定要繼續交往下去。一邊觀賞，你開始記起來了，那段期間正好是你轉身離開上帝的時候，也是你踏上長期靈性枯竭的起點。當電影繼續演下去時，劇情發展忽然出現了背離眞實人生的版本。你竟然邀請了你的情人去教會，但你們的感情卻因而急轉直下，兩人漸行漸遠。銀幕上出現一行字：兩個月後。場景轉成教會裡的一場聚會，你的情人竟走進來，坐在你身邊，說了一句話：「我想，或許我可以試著來認識這份信仰。」

假如你已預備好，無論何處、何時、何物，
都不能攔阻你跟隨耶穌，
想想看，你的人生會是什麼樣的景況？

第二幕，再熟悉不過了。你和配偶坐在一家旅行社裡，翻閱著各種行程的手冊，猶豫著要報名參加哪一個郵輪旅遊團。你還記得，後來你們選了最美麗的加勒比海郵輪，那真的是難忘而美好的一趟旅程。但電影的劇情再一次出現與眞實不符的場景和角度。你把那些美輪美奐的旅遊手冊放回原處，因爲你知道，幾乎同一時間，教會剛好也籌組了短期宣教隊的行程。你把配偶拉到外面去，將你的一些瘋狂想法告訴他。返家途中，你打電話到教會去，你說：「嗯，我和我丈夫（妻子）聊了一下，我們決定要用我們的年假，一起參加今年教會舉辦的短宣隊。」電影繼續演。你們兩個人走進了瓜地馬拉的一家孤兒院，爲那些孩子們張羅食物，然後你和配偶就近在一位小女孩身邊坐下，安靜地看著她吃午餐。影片戛然而止，場景從原來的位置忽然跳到你們家的飯廳，你們圍坐在自家的餐桌旁。

電影繼續播放。這回，你出現在工作場合裡。有個人走進你的辦公室。你依稀記得那畫面，那人的臉也是熟面孔，只是名字記不起來。無論如何，你確定那是個不容易侍候的人，像這類比較難搞的對象，你總是敬而遠之，早早與他們劃清界限，免得自找麻煩。但此時，電影的劇情卻出現了另一個你不曾想過的版本。你和他們圍坐一起，耐心地聆聽他們的心聲，然後你說：「我可以爲你們禱告嗎？」

再換一個場景。這一幕你記得很清楚。你和另一半一起坐著看電視新聞，那幾乎是每晚的例行公事，新聞結束後，再看一點談話性節目。緊接著，劇情轉爲另一個不曾發生的版本。你把電視關了，你和另一半屈膝跪於床邊，十指交叉，你們開始禱告。電影繼續播放，你一邊觀賞一邊留意一件事：在那一幕又一幕不同版本的人生抉擇裡，你赫然發現自己不一樣了。你看見當自己做出另一個選擇——讓自己全心全意地成爲耶穌的跟隨者時，內心深處竟湧現一股難以言喻的喜樂與滿足，那是其他事物所不能取代的深刻感受。

如果重新選擇，不再當粉絲，而是成爲耶穌的跟隨者，請問：你的人生還有哪些亟待轉換的場景？假如你已預備好，無論何處、何時、何物，都不能攔阻你跟隨耶穌，想想看，你的人生會是什麼樣的景況？

我發現，許多人暫時無法跟隨耶穌的最普遍理由是，他們想要先把一些人生大事安排妥當。這聽起來合情合理，正因爲你認眞看待耶穌的邀請與呼召，所以才會想要暫緩一會兒，先讓你把人生方向盤轉好，生活安頓好，一切就緒，沒有後顧之憂了，你自然就會來跟隨。但耶穌卻不以爲然。當耶穌邀請你來跟隨時，祂對你的呼召是立即的，就從你當下所立之地出發。祂不要你拖延到隔天，也不要你先把自己調整得更完美以後才來跟隨；耶穌希望你即刻回應，今天就點頭答應。你放心，祂會負責把你從原有的位置帶出來，引你走向正確的方向。

我的手機附有衛星導航系統，但我仗著自己方向感不錯，所以鮮少使用這項設備。即便我對目的地沒有把握而開啓導航系統，我也總是習慣不理會它的導引而自行探路，可想而知，結果難逃迷路一途。每一次啓用導航系統時，我會輸入目的地，接著，螢幕上會出現一個問題：「從現有位置上開始導航嗎？」這句話的意思是：「你想從現在的位置上出發嗎？」待確定後，系統會開始幫你計算距離——從你當下所在的位置，一直到目的地之間的距離，而非從你原來出門離開的地方算起。是的，就是從你現時所在的定點上，開始計算距離與導引。當耶穌邀請你、呼召你來跟隨祂時，祂要你即刻從你當下所處的位置上回應祂。你不需返回最初的出發點，從頭開始；你也不需要憑藉一己之力，讓自己更靠近目標。那位呼召你的耶穌，祂會親自走向你，以祂的恩典與慈愛來邀請你跟隨祂。祂要你放心跟隨，就從你當下所處之地，就是這個時刻，起步跟隨祂。

「耶和華的眼目遍察全地，要顯大能幫助向祂心存誠實的人。」（〈歷代志下〉（編年紀下）16：9）

致謝

上帝（天主）從未在跟隨耶穌這條路上，要我們獨善其身，亦不曾讓我們孤單上路。一路走來，我要特別向身邊一群共赴「跟隨之途」的夥伴們致意，感謝他們的陪伴與協助，使這本書得以完成。

致我的妻子黛絲蕾（DesiRae）：謝謝你在我埋首書寫的過程中，不曾間斷地鼓舞與支持。當我言不由衷時，感謝你對我百般容忍，並以恩慈相待。我很難想像這段跟隨耶穌的路，如果少了你的陪伴與同行，將何等難行。

致凱莉·梅爾（Cary Meyer）、楊東尼（Tony Young）、史恩·蘇特（Shane Sooter）：謝謝你們把「不是耶穌的粉絲」概念，從原本單純的系列講道中發展出來，進而成爲上帝子民的重要運動。

致蘿拉·威廉（Laura Williams）：爲像你這樣一位謙卑的神僕而滿心感謝。

你一步步幫助我完成了這項書寫計畫。你和戴比（Debbie）是幕後的忠心夥伴，你們將來在天上的獎賞是大而尊貴的。

致葛瑞格．戴德里克（Gregg Dedrick）：上帝透過你，在最適切的時刻對我的生命說話。謝謝你提醒我有關聖靈（聖神）的大能，如何在跟隨者的生命中工作。

致戴維．史東（Dave Stone），以及東南基督教會的長老們：我非常享受能帶領著你們一同前行，對我而言，那就是跟隨耶穌。

致泰勒．瓦令（Taylor Walling）、路加．戴維森（Luke Davidson）、喜特．威廉（Heath Williams）：謝謝你們的資料蒐集、編輯與充滿洞見的想法。

致湯．葛茲（Don Gates）以及桑德凡（Zondervan）出版社的團隊：你們不只專業，還是認眞委身的跟隨者，謝謝你們。欣蒂．蘭伯特（Cindy Lambert），當你捧著這本書的初稿，大陣仗地帶著你的編輯團隊踏進我的辦公室時，我心頭一驚，頓覺大事不妙。但原來你不是來挑剔錯誤的，你來，竟是爲要和我一起跪下，把這份文字成果獻給上帝。我爲此感動得無法言語。

致東南基督教會，以及所有「不是耶穌的粉絲」的臉書朋友們：能和來自十六國、超過五萬名網路社團的夥伴們一起跟隨耶穌，眞是件振奮人心的事。你們親身經歷的故事，讓我見證了跟隨耶穌的生命面貌，也深深激勵我要更努力把這本書完成。

參考書目、網站

1. 安卓・阿格西（Andre Agassi），《公開：阿格西自傳》（*Open: An Autobiography*），二〇一〇年，木馬文化。
2. Daniel Murphy, "Vows of Cohabitation," *The Door*, January/February, 2000, 21.
3. www.msnbc.msn.com/ID/4541605/NS/health-fitness
4. Larry Osborne, *A Contrarian's Guide to Knowing God* (Sisters, Ore.: Multnomah, 2007), 75.

國家圖書館出版品預行編目（CIP）資料

我不是耶穌的粉絲：你是在崇拜偶像，還是在追尋信仰？/凱爾．艾德曼（Kyle Idleman）著；童貴珊譯. -- 二版. -- 臺北市：橡實文化出版：大雁出版基地發行，2023.01
面；　公分
譯自：Not a fan : becoming a completely committed follower of Jesus.
ISBN 978-626-7085-63-9（平裝）
1.CST: 教牧學　2.CST: 基督徒
245　　111020401

BC1025R

我不是耶穌的粉絲：你是在崇拜偶像，還是在追尋信仰？

Not a Fan: Becoming a Completely Committed Follower of Jesus

作　　者　凱爾．艾德曼（Kyle Idleman）
譯　　者　童貴珊
責任編輯　田哲榮
協力編輯　劉芸蓁
封面設計　斐類設計
內頁構成　歐陽碧智
校　　對　吳小微

發 行 人　蘇拾平
總 編 輯　于芝峰
副總編輯　田哲榮
業務發行　王綬晨、邱紹溢、劉文雅
行銷企劃　陳詩婷
出　　版　橡實文化 ACORN Publishing
地址：231030 新北市新店區北新路三段 207-3 號 5 樓
電話：02-8913-1005　傳真：02-8913-1056
網址：www.acornbooks.com.tw
E-mail 信箱：acorn@andbooks.com.tw
發　　行　大雁出版基地
地址：231030 新北市新店區北新路三段 207-3 號 5 樓
電話：02-8913-1005　傳真：02-8913-1056
讀者服務信箱：andbooks@andbooks.com.tw
劃撥帳號：19983379　戶名：大雁文化事業股份有限公司

印　　刷　中原造像股份有限公司
二版一刷　2023 年 1 月
二版二刷　2024 年 7 月
定　　價　480 元
I S B N　978-626-7085-63-9